A Efetivação do Direito à Informação no Meio Ambiente do Trabalho

Contribuições do Pensamento Sistêmico, da Teoria da Complexidade e do Estudo dos Riscos

Piero Rosa Menegazzi

Bacharel em Ciências Jurídicas e Sociais pela Universidade Federal de Santa Maria — RS (UFSM). Mestre em Direitos Sociais e Políticas Públicas pela Universidade de Santa Cruz do Sul — RS (UNISC). Analista Processual do Ministério Público do Trabalho.

A Efetivação do Direito à Informação no Meio Ambiente do Trabalho

Contribuições do Pensamento Sistêmico, da Teoria da Complexidade e do Estudo dos Riscos

EDITORA LTDA.
© Todos os direitos reservados

Rua Jaguaribe, 571
CEP 01224-001
São Paulo, SP — Brasil
Fone (11) 2167-1101

Produção Gráfica e Editoração Eletrônica: R. P. TIEZZI
Projeto de Capa: R. P. TIEZZI
Impressão: COMETA GRÁFICA E EDITORA
LTr 4286.6
Fevereiro, 2011

Visite nosso site:
www.ltr.com.br

Dados Internacionais de Catalogação na Publicação (CIP)
(Câmara Brasileira do Livro, SP, Brasil)

Menegazzi, Piero Rosa
   A efetivação do direito à informação no meio ambiente do trabalho : contribuições do pensamento sistêmico, da teoria da complexidade e do estudo dos riscos / Piero Rosa Menegazzi. — São Paulo : LTr, 2011.

   Bibliografia
   ISBN 978-85-361-1669-3

   1. Ambiente de trabalho 2. Direito à informação 3. Direito do trabalho 4. Efetivação 5. Higiene do trabalho 6. Medicina do trabalho 7. Segurança do trabalho 8. Trabalho e classes trabalhadoras — Doenças I. Título.

10-13473   CDU-34:331.382

Índice para catálogo sistemático:

1. Direito ambiental do trabalho : Efetivação do direito à informação :
      Direito do trabalho   34:331.822

*Dedico este livro aos meus pais,
pelo amor e apoio incondicionais que me destinam.*

Agradecimentos

Registro aqui meus agradecimentos àqueles que, de alguma maneira, tornaram este estudo possível.

Sou grato a Deus, suporte de minha vida.

Agradeço aos meus pais por tudo que representam para mim. Pessoas como vocês tornam o mundo melhor. Obrigado também ao meu irmão, companheiro na jornada da vida. Igualmente sou grato à Chaiana pelo amor que construímos e que completa minha existência.

Registro minha gratidão à advogada, professora e amiga Rosanna Vetuschi, pela oportunidade inicial de contato com o cotidiano do Direito do Trabalho e pelas lições que me ensinou.

Também agradeço carinhosamente à Procuradora do Trabalho Enéria Thomazini, pela amizade e incentivo constante.

Meu muito obrigado a todos os meus amigos e aos meus colegas de graduação e de mestrado, verdadeiros mestres das mais diversas artes do viver. Da mesma forma, agradeço ao professor Dr. João Pedro Schmidt, meu orientador na segunda etapa do mestrado, pela orientação sempre presente e pela consideração às ideias desenvolvidas na dissertação, que formam este livro.

Manifesto também meu agradecimento ao professor Dr. Luiz Ernani Bonesso de Araujo, meu orientador na primeira etapa do mestrado, pela acolhida fraterna com que me brindou na Universidade de Santa Cruz do Sul, e por demonstrar que o ato de ensinar pressupõe, além de conhecimento, um gesto de amizade.

Minha sincera gratidão aos membros e servidores que formam o Ministério Público do Trabalho, instituição a qual me orgulho de integrar, pelas oportunidades de aprendizado e realização profissional com as quais têm me agraciado e pela bolsa de estudos a mim concedida na etapa final do mestrado.

Agradeço aos trabalhadores da LTr Editora, que tornaram possível a edição desta obra.

Por fim, a todos aqueles que, de algum modo, contribuíram para que este livro se concretizasse, o meu muito obrigado!

Sumário

Prefácio 11

Introdução 13

Capítulo 1
O RELEVO DA INFORMAÇÃO NA SEARA AMBIENTAL

1.1. O surgimento da sociedade informacional 18

1.2. Estado da informação democrática de direito 32

1.3. Direito à informação e tutela ambiental 46

Capítulo 2
A AMPLIAÇÃO DO HORIZONTE INFORMACIONAL: AS TEORIAS SISTÊMICA, DA COMPLEXIDADE E DA SOCIEDADE DE RISCOS

2.1. O advento do pensamento sistêmico 62

2.2. A visão da complexidade 76

2.3. Sociedade de risco e a expropriação dos sentidos 89

Capítulo 3
A EFETIVAÇÃO DO DIREITO À INFORMAÇÃO NO MEIO AMBIENTE DO TRABALHO

3.1. A compreensão do meio ambiente do trabalho no constitucionalismo contemporâneo brasileiro 106

3.2. Informação ambiental trabalhista e a construção de uma nova racionalidade ambiental 119

3.3. Perspectivas para a efetivação do direito à informação no meio ambiente do trabalho: atuação estatal e participação social 137

Conclusão 151

Referências 155

Prefácio

A ciência e a tecnologia cada vez mais assumem um papel preponderante nas atividades humanas. De uma sociedade simples, de procedimentos hoje considerados rudimentares, passamos a uma sociedade complexa, na qual para cada ato humano há uma variedade de opções, cuja escolha é justificada, em sua maior parte pela eficiência tecnológica, seja para produzir mais com menos recursos e com mais rapidez, seja pelo retorno do investimento que tal escolha possa resultar.

Desse modo, a decisão a ser tomada leva em conta a possibilidade de se maximizar o lucro e, para tanto, baseia-se fundamentalmente na racionalidade tecnológica.

Assim, ciência e tecnologia penetram o mundo do capital, a partir do qual não só ditam os caminhos a serem seguidos para uma eficiente prática econômica, como também moldam as formas organizacionais das empresas e, consequentemente, da própria sociedade, já que esta responde de forma quase que automática aos impulsos ditados pelo mercado.

Daí a referência, a partir de Ulrich Beck, à sociedade de risco. Respaldado na ciência e na tecnologia, há uma disponibilidade abundante de novos produtos para o consumo, que trazem consigo não só benefícios, como também riscos para a humanidade, isso porque em grande parte, o desenvolvimento e funcionamento desses produtos envolvem aspectos desconhecidos pela população, que podem representar no futuro danos à saúde pública e ao meio ambiente.

Tem-se por um lado benefícios, de outro se tem também efeitos negativos. O que implica que para agir de modo preventivo diante dos males que possam ser ocasionados, se deve antes conhecer os danos decorrentes do uso dessa tecnologia. Afirma-se desse modo, no mundo jurídico contemporâneo, o direito à informação.

Diante desse quadro temático, próprio ao modo de vida atual, Piero Menegazzi nos introduz na seara trabalhista, de forma singular e inovadora, já que sua abordagem escapa dos lugares-comuns da legislação social do trabalho, encaminhando sua análise para as consequências que possam ocorrer no ambiente de trabalho, pela falta de informações adequadas sobre os riscos potenciais da atividade produtiva. Para tal intento, recorre às teorias não convencionais para a grande maioria dos juristas, ao se valer do auxílio prestado, como dito pelo próprio autor, pelo pensamento sistêmico, pela teoria da complexidade e pela noção dos "riscos".

Como há um potencial difusor de danos ambientais no meio ambiente de trabalho, de grande impacto para a saúde e bem-estar do trabalhador, o acesso às informações ambientais deve prevalecer como um princípio fundamental, imprescindível à sadia qualidade de vida. É o que nos coloca o autor, um estudioso e profissional das relações de trabalho, que no decorrer de sua formação acadêmica, fez aproximações teóricas com o que há de mais atual em termos de percepção do meio ambiente, relacionando-a diretamente com as atividades produtivas do homem. Eis um texto inovador que merece nossa leitura atenta.

Dr. *Luiz Ernani Bonesso de Araujo*
Professor de Direito Agrário e de Direito Ambiental do Curso de Direito da UFSM e Coordenador do Curso de Direito da UFSM — Universidade Federal de Santa Maria

Introdução

A informação ambiental tem se tornado um dos pilares de uma tutela efetiva do meio ambiente. Não se pode mesmo estruturar um sistema eficaz de preservação ecológica prescindindo-se da busca por informações sobre os bens ambientais a serem protegidos e os riscos — atuais ou potenciais — a serem enfrentados. Tendo em vista estas considerações, a presente pesquisa trata da busca pela efetivação do direito à informação relacionada a um aspecto específico do meio ambiente genericamente considerado, o meio ambiente do trabalho.

Partindo-se da constatação da importância da informação enquanto relacionada à tutela ambiental, são analisadas algumas questões referentes à concretização do acesso a esta informação no âmbito do meio ambiente laboral, tendo-se como marco referencial a sociedade brasileira contemporânea. Neste contexto, e considerando-se a consagração do direito à informação ambiental no ordenamento jurídico vigente no Brasil, procura-se discutir meios de implementá-lo no ambiente de trabalho.

Para tanto, é proposta uma abordagem da problemática informacional a partir das contribuições teóricas fornecidas pelo pensamento sistêmico, pela teoria da complexidade e pela noção dos "riscos", dentre outras. Espera-se que tal referencial teórico, obtido por meio do acesso à documentação indireta (fontes bibliográficas), possibilite um alargamento do horizonte informacional estabelecido, proporcionando uma maior desenvoltura no trato dos desafios trazidos pela busca de efetivação do direito à informação no meio ambiente do trabalho.

A pesquisa é apresentada em três capítulos. Destes, o primeiro introduz a temática da informação, analisando seu papel estruturante na sociedade contemporânea e suas implicações político-jurídicas na conformação do Estado; culminando com a vinculação da informação à tutela do meio ambiente, tomando-se como parâmetro o direito brasileiro.

Já o segundo capítulo destina-se à exposição das bases teóricas necessárias ao alargamento do horizonte informacional estabelecido. O pensamento sistêmico enquanto método de construção do conhecimento e percepção do mundo, a teoria da complexidade e o estudo do elemento "risco" nas sociedades são o foco deste capítulo, que tem por objetivo forjar as ferramentas intelectuais que serão úteis à concretização do acesso à informação no ambiente laboral.

Por fim, o terceiro e último segmento traz uma abordagem específica das questões informacionais no ambiente de trabalho. Aqui se perquire o significado do meio ambiente do trabalho enquanto destinatário de proteção no constitucionalismo brasileiro contemporâneo, buscando-se, a partir deste contexto, as características próprias de uma informação ambiental trabalhista e os contornos de uma nova racionalidade ambiental que impulsione a sua efetivação. Ao final, são avaliadas algumas perspectivas para a efetivação do direito à informação no ambiente laboral tomando-se como referencial a atuação do Estado e o agir da coletividade.

Dado que a informação ambiental possui, como dito, grande relevância para a tutela do meio ambiente, nele incluído o do trabalho, seu estudo mostra-se pertinente e inserido no conjunto maior de esforços destinados a buscar a sustentabilidade ecológica do planeta. Da mesma maneira, o desenvolvimento científico de temas específicos relativos ao ambiente laboral tem como potencial imediato contribuir para o resguardo da vida e da dignidade dos mais diversos trabalhadores que, dia após dia, são responsáveis pela construção das sociedades contemporâneas.

Sob outro ângulo, a concretização do acesso à informação ambiental se apresenta como um pressuposto da participação cidadã na defesa do meio ambiente, promovendo a conscientização da população e estimulando seu engajamento na luta por um ambiente ecologicamente equilibrado. A temática informacional, abrangendo também a informação ambiental trabalhista, representa um das bases democráticas do Estado Constitucional, tornando-se condição para o exercício pleno da cidadania no mundo atual.

Valendo-se do auxílio prestado pelo pensamento sistêmico, pela teoria da complexidade e pela noção dos "riscos", este estudo almeja contribuir para o aprimoramento do debate sobre as questões informacionais no meio ambiente do trabalho.

Os temas abordados são, por sua própria natureza, fluidos e suscetíveis de um sem-número de análises. Portanto, não se pretende aqui um estudo dogmático de teorias com o objetivo de se construírem conceitos científicos exclusivos e herméticos. Ao contrário, procuram-se justamente meios de libertar as práticas informacionais do subjugo intelectual ocasionado pelo pensamento mecanicista cartesiano e suas visões simplistas de mundo, dissimuladoras das lutas pelo poder imiscuídas na construção do conhecimento.

Por meio das bases teóricas estudadas, buscar-se-á uma concepção integrada de mundo, em que seja resgatada a dimensão natural dos seres humanos, especialmente em seu "hábitat laboral". Com o reconhecimento da complexidade que impregna cada fresta do universo, bem como dos riscos que assolam o meio ambiente, pretende-se buscar meios efetivos que levem a informação ambiental trabalhista a fazer parte do quotidiano dos atores do mundo do trabalho.

Tem-se em mente que a efetivação do direito à informação no meio ambiente do trabalho não é tarefa fácil, como tampouco o é a preservação ambiental genericamente considerada. No entanto, a inércia não se mostra como a melhor opção quando se tratam dos assuntos ecológicos. Se a batalha contra a degradação ambiental é árdua, que nela se tome parte com esta importante arma que é a informação.

Capítulo 1

O Relevo da Informação na Seara Ambiental

Este capítulo inicial tem por objetivo apresentar a temática da informação enquanto elemento de destaque na conformação da estrutura social, com importantes repercussões também no campo da tutela do meio ambiente. Inicialmente, trata-se de desvelar a importância da informação nas sociedades humanas, culminando no surgimento da chamada *sociedade informacional*, tal como descrita por Manuel Castells (seção 1.1). Num segundo momento, analisam-se os desdobramentos da temática informacional sob um ângulo político-jurídico, em especial no que diz respeito às suas implicações em um regime democrático subordinado ao império do direito, o que é feito tomando-se por parâmetro a noção de "Estado da informação democrática de direito", conforme construção teórica de Paulo Affonso Leme Machado (seção 1.2). Ao final, é feito um estudo sobre a correlação entre o direito à informação e a tutela do meio ambiente, perquirindo-se sobre a necessidade de tal tutela, bem como sobre a configuração específica do direito à informação no ordenamento jurídico brasileiro (seção 1.3).

1.1. O SURGIMENTO DA SOCIEDADE INFORMACIONAL

A importância da informação[1] enquanto relacionada ao conhecimento não é fato novo nas sociedades. Mesmo entre organizações humanas primitivas, os estudos arqueológicos têm apontado as pinturas rupestres, feitas em paredes de cavernas, como registros de atividades cotidianas dos homens primitivos. Algumas dessas pinturas datam de fins do período paleolítico, contando com aproximadamente 40.000 anos de existência. Tratam-se de informações que o tempo conduziu até os dias de hoje.

Com o aprimoramento das tecnologias humanas, especialmente a escrita, a informação seguiu tendo seu destaque nas sociedades. Prova disso são as pesquisas realizadas sobre a escrita cuneiforme, de origem mesopotâmica, revelando preciosos detalhes sobre os povos da antiguidade oriental (egípcios, persas, fenícios, mesopotâmicos, etc.).

Da mesma forma, o desenvolvimento de instituições sociais mais complexas como, *v. g.*, o aparelho estatal das sociedades antigas orientais e clássicas, e até mesmo das medievais, demonstra o avanço dos passos da informação na ocupação de um lugar privilegiado naquelas sociedades. A informação passou a ter grande valia na organização do Estado, contribuindo com as técnicas de contagem da população e mensuração do território, noções imprescindíveis para avaliar o potencial bélico e agrícola dos povos.

Nessa linha evolutiva, aqui apresentada em seus contornos generalíssimos por se tratar de uma abordagem subsidiária ao estudo da sociedade informacional, ganha terreno o desenvolvimento da estatística enquanto ciência ligada à organização estatal, como informa Armand Mattelart:

> A primeira definição oferecida por Gottfried Achenwall (1719-1772) da "estatística" molda-se nessa tradição pragmática: é a "ciência do Estado", a *Staatswissenschaft*. Seu objetivo é "ilustrar as excelências e as deficiências de um país e revelar os poderes e as fraquezas de um Estado". [...] A técnica estatística não apenas participa da nova relação que a revolução burguesa instaura entre o Estado monárquico e as diversas classes sociais, mas também está imbricada na construção de uma nova racionalidade comercial. Um dos principais objetivos da construção das tabelas de

---
(1) Deixa-se, por ora, de buscar uma definição mais precisa sobre o significado do tema "informação", até mesmo para possibilitar um exame mais amplo de seus desdobramentos sociais sem restrições de índole conceitual. No entanto, as linhas que seguem abordarão alguns significados atribuídos a este tema, fluido por natureza.

mortalidade não é justamente, para o astrônomo Halley, fornecer técnicas atuariais para avaliar as tabelas dos seguros de vida? O cálculo permite prever o futuro.[2] (grifado no original)

O incremento dos modos de produção e transmissão de informações acaba por reorganizar os arranjos geoestratégicos mundiais. Essa reorganização ganha fôlego na medida em que cresce a aplicação da ciência à guerra, ampliando-se a abrangência das técnicas de quantificação e construindo-se bases informacionais sobre armamentos e fortificações, de modo a potencializar o poder do homem sobre o homem.

Em uma época de afirmação de visões racionalistas de mundo, em grande medida influenciadas pelas conquistas iluministas do século XVIII, os padrões matemáticos de análise atingem variados campos do conhecimento, esquadrinhando e quantificando o mundo analisado pelos cientistas. A respeito deste chamado método quantificativo, ensina Mattelart que:

> Nada escapa ao método quantificativo. Ele mede as proporções das crateras abertas pelas minas; inaugura a cronometragem sistemática dos tiros de canhão assim como a das terraplanagens das fortificações para tirar dela um princípio de organização do trabalho. No século seguinte, será em primeiro lugar nas fábricas de armas que esse princípio será aplicado rigorosamente.[3]

A condição de detentor de informações se torna, cada vez mais, a porta de acesso a posições privilegiadas nas obscuras lutas pelo poder. Desde a organização militar, passando pela estrutura do sistema educacional até o projeto arquitetônico das novas fábricas advindas da revolução industrial; informações sobre o tempo de duração de tarefas, sobre as opiniões dos sujeitos envolvidos nas atividades e outras, consolidam-se como a matéria-prima com a qual se constroem as hierarquias de poder nas sociedades.

Aqui são importantes os apontamentos feitos por Michel Foucault sobre as relações de poder nas sociedades. A análise feita por Foucault sobre o modelo carcerário ilustrado pelo panóptico[4] pode ser discutida com base nas implicações informacionais que suscita. É possível entender tal modelo

---

(2) MATTELART, Armand. *História da sociedade da informação*. 2. ed. Trad. Nicolás Nyimi Campanário. São Paulo: Loyola, 2006. p. 18-20, *passim*.
(3) *Ibidem*, p. 22.
(4) *Panóptico* foi o nome dado a um projeto de unidade carcerária de autoria de Bentham em que, devido ao seu arranjo arquitetural, somente os agentes carcerários poderiam ver e vigiar os detentos, sem que estes soubessem se e quando estavam sendo vigiados. A descrição encontra-se em FOUCAULT, Michel. *Vigiar e punir:* nascimento da prisão. 32. ed. Trad. Raquel Ramalhete. Petrópolis: Vozes, 1987. p. 165 *et seq.*

como um meio poderoso de obtenção e direcionamento dos fluxos de informação.

O panóptico se constitui em meio de vigilância e obtenção de informações sobre a situação dos detentos, de modo que apenas os agentes carcerários conseguem obter tais informações, sem que os presos possam saber o que se passa em relação àqueles que os vigiam. Cria-se um fluxo informacional de mão única, que flui unicamente em direção à torre de vigia. Como esclarece Foucault:

> Cada um, em seu lugar, está bem trancado em sua cela de onde é visto de frente pelo vigia; mas os muros laterais impedem que entre em contato com seus companheiros. É visto, mas não vê; objeto de uma informação, nunca sujeito de uma comunicação.[5]

Dessa forma, diversas estruturas sociais são modificadas, com implicações inclusive na arquitetura das edificações humanas.[6] Traz-se à colação um trecho específico da obra de Foucault por se relacionar ao meio ambiente de trabalho nas oficinas e fábricas, tema que guarda conexão com o foco deste estudo:

> É o problema das grandes oficinas e das fábricas, onde se organiza um novo tipo de vigilância. É diferente do que se realizava nos regimes das manufaturas do exterior pelos inspetores, encarregados de fazer aplicar os regulamentos; trata-se agora de um controle intenso, contínuo; corre ao longo de todo o processo de trabalho; não se efetua — ou não só — sobre a produção (natureza, quantidade de matérias-primas, tipo de instrumentos utilizados, dimensões e qualidades dos produtos), mas leva em conta a atividade dos homens, seu conhecimento técnico, a maneira de fazê-lo, sua rapidez, seu zelo, seu comportamento.[7]

---

(5) FOUCAULT, Michel. *Op. cit.*, p. 166. Como contraponto a este modelo de vigilância descrito por Foucault, em que "poucos vigiam muitos", Zygmunt Bauman, em análise do processo da globalização e suas implicações sociais, menciona o modelo *sinóptico* em que, pela ascensão dos meios de comunicação de massa dos tempos contemporâneos, "muitos vigiam poucos". Veja-se, a respeito, BAUMAN, Zygmunt. *Globalização:* as consequências humanas. Trad. Marcus Penchel. Rio de Janeiro: Jorge Zahar, 1999. p. 59 e seguintes.
(6) De acordo com os apontamentos do saudoso mestre João Telmo Vieira: "Dessa forma, percebe-se que a cidade ocidental se organiza em torno daquilo que se elege como sua função primordial, sendo identificadas sucessivamente: primeiro na Ágora, depois no Mercado, após na Fábrica e pelo presente na Informação". (VIEIRA, João Telmo. Pensar a velocidade da informação e da gestão tecnológica das cidades contemporâneas: desafios para o desenvolvimento sustentável e a sadia qualidade de vida. In: ARAUJO, L. E. B. de; VIEIRA, J. T. (org.). *Ecodireito:* O direito ambiental numa perspectiva sistêmico--complexa. Santa Cruz do Sul: Edunisc, 2007. p. 22)
(7) *Ibidem*, p. 146.

Com o exemplo do panóptico se pretende salientar como o tema do acesso à informação está umbilicalmente ligado às estruturas hierárquicas de poder e dominação nas sociedades. É necessário esclarecer que os caminhos informacionais não conduzem exclusivamente à dominação social, evitando-se aqui visões deterministas. Apenas se destacam algumas características que o domínio da informação pode trazer consigo, a fim de se construírem pressupostos teóricos para o entendimento da sociedade informacional, cujos contornos serão delineados ao fim desta seção.

Prosseguindo-se na análise da informação enquanto elemento presente no cotidiano social, merece uma menção especial o importante papel desempenhado pelo desenvolvimento tecnológico na aquisição e difusão informacional. O aprimoramento de tecnologias impulsiona quantitativa e qualitativamente o acesso a conhecimentos antes inatingidos pelos indivíduos, bem como possibilita o aumento da difusão desses conhecimentos.

No que diz respeito à aquisição de informações, pode-se citar como exemplo o desenvolvimento de instrumentos de auxílio à pesquisa científica, como o microscópio. Por meio dele foi possível levar os estudos de citologia (estruturas e funções das células) a graus de precisão antes não alcançados, descortinando um novo universo de saberes nas áreas da biologia, física e química, dentre outras. Este é apenas um exemplo em meio a outros tantos que poderiam ser citados.

Em relação à difusão de informações — que, sob outro ângulo, também influi sobre sua aquisição — vale sublinhar o importante marco representado pelo desenvolvimento da tipografia. A invenção da impressão por tipos móveis, realizada por Gutenberg no século XV, possibilitou o início da transição de toda uma cultura ocidental baseada no culto da oralidade, com o apoio subsidiário dos manuscritos, para um arranjo social verdadei-ramente embasado na escrita.

Toda a diversidade ensejada por uma forma comunitária de organização oral, baseada na convivência harmônica entre todos os sentidos humanos (audição, visão, etc.), influenciando desde manifestações artísticas a discursos científicos, vê-se afrontada pela homogeneização implacável oriunda das tintas da era iniciada por Gutenberg, pelo subjugo dos demais sentidos pela visão. No que concerne a esta homogeneização, são elucidativos os estudos realizados por Marshall McLuhan a respeito do desenvolvimento da tipografia:

> Esse, portanto, é o grande paradoxo da era de Gutenberg; o seu aparente ativismo somente é cinemático no sentido estrito de

cinematográfico. É uma série uniforme de instantâneos estáticos ou "pontos de vista fixos" em ligação homogênea. A homogeneização de homens e materiais passará a ser o grande programa da era de Gutenberg, a fonte de toda riqueza e poder desconhecidos de qualquer outro tempo ou tecnologia. [...] As Escrituras, antes de Gutenberg, não tinham nada do caráter uniforme e homogêneo que vieram a ter com a palavra impressa. A partir do século dezesseis, foi, acima de tudo, o conceito de homogeneidade — que a tipografia inspira e nutre em todos os aspectos da sensibilidade humana — que começou a invadir as artes, as ciências, a indústria e a política.[8]

Com isso, a transmissão da informação, antes submetida a todas as distorções da oralidade, agora pode se valer da segurança institucional trazida com a tipografia. Obstáculos como o esquecimento das lições ouvidas, a ausência ao momento da comunicação, dentre outros, restam aplainados pela palavra impressa, cuja magia de sua visualidade seduziu os espíritos humanos, trazendo a falsa impressão da univocidade.

A produção em série de livros e jornais foi o impulso que faltava para a definitiva mercantilização *da* e *pela* informação. Aliada ao crescimento da complexidade social proporcionada pela exploração econômica nas incipientes atividades burguesas, o trato informacional foi configurando novos arranjos político-econômicos nas sociedades. No dizer de McLuhan:

> A palavra impressa, por assim dizer, transformou o diálogo: da troca em comum de ideias e propósitos fez o comércio de informações empacotadas, bem móvel e portátil de produção. Deu à linguagem e à percepção humanas um viés ou uma distorção que Shakespeare define acima como *"Commodity"* ou "Interesse". E que outra coisa se podia esperar? A palavra impressa criara a economia de mercado e o sistema de preços. Pois enquanto as mercadorias não fossem uniformemente idênticas, o preço de qualquer artigo estaria sujeito a regateio e ajuste. Os mercados modernos e o sistema de preços, inseparáveis da difusão da alfabetização e da indústria, não são, aliás, os únicos frutos da uniformidade e reprodutibilidade em série do livro.[9]

---

(8) MCLUHAN, Marshall. *A galáxia de Gutenberg*: a formação do homem tipográfico. Trad. Leônidas Gontijo de Carvalho e Anísio Teixeira. São Paulo: Nacional, 1977. p. 180-189, *passim*.
(9) *Ibidem*, p. 227.

Se, como dito, o incremento dos meios tecnológicos permite uma maior desenvoltura no trato da informação, a tecnologia não determina, por si só, o pensamento humano. A história de tecnologias intelectuais como o livro, a *internet* e outras, demonstra que elas de fato condicionam sem, contudo, determinar a forma de pensar dos indivíduos. E o fazem na medida em que tais tecnologias incorporam significativas opções sociais, representando a condensação de toda uma cultura prévia que permitiu seu surgimento.

Desse modo, o instrumental tecnológico que aparelha a vivência humana, inclusive na seara informacional, está ele próprio impregnado de outras tecnologias anteriores, por sua vez possibilitadas por outras informações subjacentes. Forma-se um processo de condicionamento implícito que, se não percebido, conduz à falácia da neutralidade tecnológica.

No âmbito das tecnologias intelectuais e dos processos que formam a ecologia cognitiva humana, são de fundamental importância os estudos de Pierre Lévy. Segundo seus ensinamentos, ao explicitar seu entendimento sobre as tecnologias intelectuais, sustenta que:

> Propusemos, anteriormente, esta regra segundo a qual toda instituição poderia ser interpretada como uma tecnologia intelectual porque ela cristalizaria uma partição do real, processos de decisão, uma memória. Já que as ferramentas, máquinas e processos de produção são instituições, cada um deles é portanto uma tecnologia intelectual, mesmo quando não tem como objetivo o tratamento de informações, o armazenamento de ou a transmissão de representações. Os dispositivos materiais são formas de memória. Inteligência, conceitos e até mesmo visão do mundo não se encontram apenas congelados nas línguas, encontram-se também cristalizados nos instrumentos de trabalho, nas máquinas, nos métodos. Uma modificação técnica é *ipso facto* uma modificação da coletividade cognitiva, implicando novas analogias e classificações, novos mundos práticos, sociais e cognitivos. [...] Temos nos contentado em analisar superficialmente a mudança dos métodos de produção e a reorganização dos fluxos informacionais, mas não temos medido e levado em consideração a inteligência invisível que as antigas técnicas e as coletividades de trabalho que se construíram sobre elas possuem.[10]

Em que pese a "memória" incorporada nas tecnologias da inteligência, Pierre Lévy sustenta uma posição não determinista em relação a essas

---

(10) LÉVY, Pierre. *As tecnologias da inteligência:* o futuro do pensamento na era da informática. Trad. Carlos Irineu da Costa. Rio de Janeiro: Editora 34, 1993. p. 145.

tecnologias no que concerne ao pensamento humano. Tratam-se, antes, de meios condicionadores (e não determinantes) da atividade intelectiva. Nessa linha de entendimento, conclui com as seguintes palavras:

> Em ecologia cognitiva, não há causas e feitos mecânicos, mas sim ocasiões e atores. Inovações técnicas *tornam possíveis ou condicionam* o surgimento desta ou daquela forma cultural (não haveria ciência moderna sem impressão, nem computador pessoal sem microprocessador), mas as primeiras não irão, necessariamente, *determinar* as segundas. É mais ou menos como no domínio biológico: uma espécie não pode ser deduzida de um meio. É claro que não haveria peixes sem água, mas o mar não teria que ser, obrigatoriamente, povoado por vertebrados, poderia ter contido apenas algas e moluscos.[11] (grifado no original)

Se tal relação de condicionamento ocorre em face do pensar dos indivíduos, da mesma maneira acontece com a informação. Esta é dependente do sujeito cognoscitivo e de suas estruturas mentais. A compreensão das mensagens que são endereçadas por um emissor a um receptor está jungida às estruturas cognoscitivas deste.

Como será melhor explicitado no Capítulo 2 quando for abordada a teoria do conhecimento trabalhada pelos cientistas chilenos Humberto Maturana e Francisco Varela, todo conhecer é um fazer. Por ora, contenta-se em deixar claro que o objeto a ser conhecido é também formado pelo sujeito investigador em seu ato de compreensão. Da mesma maneira, a informação também é produzida pelas estruturas do receptor. A título de ilustração das ideias dos cientistas mencionados acima, citam-se os seguintes apontamentos sobre a informação:

> Nossa discussão nos levou a concluir que, biologicamente, não há "informação transmitida" na comunicação. Há comunicação cada vez que há coordenação conductual em um domínio de acoplamento estrutural. [...]

> Segundo o que analisamos, esta metáfora é fundamentalmente falsa, porque supõe uma unidade não determinada estruturalmente, onde as interações são instrutivas, como se o que acontece a um sistema em uma interação ficasse determinado pelo agente perturbante e não por sua dinâmica estrutural. Sem embargo, é

---
(11) *Ibidem*, p. 148.

evidente, ainda na vida cotidiana mesma, que a situação de comunicação não se dá assim: cada pessoa diz o que diz ou ouve o que ouve segundo sua própria determinação estrutural. Desde a perspectiva de um observador sempre há ambiguidade em uma interação comunicativa. O fenômeno de comunicação não depende do que se entrega, senão do que acontece com o que recebe. E isto é um assunto muito diferente a "transmitir informação".[12]

Mesmo existindo algumas reservas em relação à posição dos citados autores, suas ideias são importantes para demonstrar que a construção da informação também é determinada pelas estruturas cognitivas de seu receptor.

Dando continuidade ao estudo da importância da informação nas sociedades, tomando-se como fio condutor da análise o surgimento da chamada sociedade informacional, que será melhor delineada abaixo, pode-se perceber o aumento do fluxo informacional no mundo contemporâneo. O alargamento das vias comunicativas serviu para tornar ainda mais abrangentes e acessíveis os universos de sentido criados pelas diversas comunidades atuais.

Neste ponto, é útil a referência à ideia de *hipertexto*. Sem pretensões conceituais excludentes, até mesmo em virtude da volatilidade da matéria, é possível entender os hipertextos como verdadeiros universos de sentido compartilhados. Tal noção vem amparada mais uma vez nos ensinamentos de Pierre Lévy, para quem:

> Cada um em sua escala, os atores da comunicação ou os elementos de uma mensagem constroem e remodelam universos de sentido. Inspirando-nos em certos programas contemporâneos, que descreveremos abundantemente na continuação desta seção, chamaremos estes mundos de significação de *hipertextos*.

---

(12) MATURANA, H.; VARELA, F. *El árbol del conocimiento*. Santiago de Chile: Universitaria, 1996. p. 130 (tradução livre). Conforme consta no original: "Nuestra discusión nos ha llevado a concluir que, biológicamente, no hay 'información transmitida' en la comunicación. Hay comunicación cada vez que hay coordinación conductual en un dominio de acoplamiento estructural. [...] Según lo que hemos analizado, esta metáfora es fundamentalmente falsa, porque supone una unidad no determinada estructuralmente, donde las interacciones son instructivas, como si lo que le pasa a un sistema en una interacción quedase determinado por el agente perturbante y no por su dinámica estructural. Sin embargo, es evidente, aun en la vida cotidiana misma, que la situación de comunicación no se da así: cada persona dice lo que dice u oye lo que oye según su propia determinación estructural. Desde la perspectiva de un observador siempre hay ambiguedad en una interacción comunicativa. El fenómeno de comunicación no depende de lo que se entrega, sino de lo que pasa con el que recibe. Y esto es un asunto muy distinto a 'transmitir información'".

Como veremos, a estrutura do hipertexto não dá conta somente da comunicação. Os processos sociotécnicos, sobretudo, também têm uma forma hipertextual, assim como vários outros fenômenos. O hipertexto é talvez uma metáfora válida para todas as esferas da realidade em que *significações* estejam em jogo.[13] (grifado no original)

Como princípios abstratos do hipertexto, Pierre Lévy[14] indica: **a)** Princípio da metamorfose: denota a constante construção e renegociação da rede hipertextual; **b)** Princípio da heterogeneidade: as conexões existentes nas redes hipertextuais são heterogêneas, colocando em conexão pessoas, grupos, artefatos, forças naturais, etc., dos mais variados tipos; **c)** Princípio de multiplicidade e de encaixe de escalas: qualquer um dos nós ou conexões pode conter ele mesmo outros nós e conexões, formando uma rede infinita ao longo de diversas escalas e definições; **d)** Princípio da exterioridade: a rede não possui um motor interno, sendo que seu desenvolvimento é dependente de fatores adicionais externos (conexões, elementos, e outros); **e)** Princípio da topologia: os deslocamentos nos hipertextos devem se valer dos caminhos da rede, de suas localizações e reverberações; **f)** Princípio da mobilidade dos centros: a rede não possui um centro único, mas diversos centros móveis que se deslocam entre os nós da rede.

A ideia de hipertexto, a par de demonstrar a grande amplitude das redes de sentido nas sociedades, o que é auxiliado pelos processos informacionais (construção, difusão da informação, etc.), é importante para o entendimento das atitudes interpretativas. Sendo o hipertexto um universo comum de sentido, a interpretação de textos consiste na ligação de significados e, consequentemente, na criação de hipertextos.

Mais uma vez recordando as lições de Pierre Lévy, entende-se que: "A operação elementar da atividade interpretativa é a associação; dar sentido a um texto é o mesmo que ligá-lo, conectá-lo a outros textos, e portanto é o mesmo que construir um hipertexto".[15]

No caminho rumo à sociedade informacional, a ideia de hipertexto ajuda a compreender os universos de significações existentes e que funcionam como pano de fundo também das práticas comunicativas.

Outro ponto relevante nesta análise diz respeito ao papel do Estado e de suas instâncias políticas na prospecção e disseminação de informações.

---

(13) LÉVY, Pierre. *Op. cit.*, p. 25.
(14) *Ibidem*, p. 25-26.
(15) *Ibidem*, p. 72.

A informação passa a ser um recurso indispensável ao poder político nas disputas por sua consolidação, tanto dentro das fronteiras estatais quanto na esfera internacional. O domínio sobre o conteúdo e os fluxos informacionais é uma vantagem política fundamental, o que se acentua na sociedade informacional.

A estreita ligação entre o poder político e a informação é ilustrada pelos movimentos totalitários surgidos no século XX, em especial o nazismo e o stalinismo. Recorde-se aqui a historicamente famosa "máquina de propaganda nazista", um dos pilares da ascensão e manutenção do regime totalitário na Alemanha no período entre guerras e durante a Segunda Guerra Mundial. Comentando sobre o uso da informação e da propaganda pelos movimentos totalitários em sua escalada rumo ao poder, são relevantes as palavras de Hannah Arendt:

> Sob um governo constitucional e havendo liberdade de opinião, os movimentos totalitários que lutam pelo poder podem usar o terror somente até certo ponto e, como qualquer outro partido, necessitam granjear aderentes e parecer plausíveis aos olhos de um público que ainda não está rigorosamente isolado de todas as outras fontes de informação.[16]

A partir de um outro enfoque, episódios significativos da complexa relação entre o ente estatal e a pesquisa científica podem ser encontrados nas iniciativas governamentais de financiamento de pesquisas durante e após a segunda guerra mundial, em especial nos Estados Unidos da América (EUA). Embora a conexão entre financiamento estatal e pesquisa científica esteja sujeita a críticas de naturezas diversas, e não sem razão, o certo é que o Estado também pode proporcionar um aumento do potencial científico das sociedades por intermédio de variados instrumentos.

Armand Mattelart dá uma amostra concreta dessas potencialidades ao tratar dos *think tanks* americanos, os chamados reservatórios de ideias criados pelo governo estadunidense. De acordo com sua pesquisa:

> Durante a Segunda Guerra Mundial, surge a denominação *Operations Research*, a pesquisa que visa "formalizar modelos de análise aplicáveis às operações militares". Seguindo o esquema de cooperação permanente entre civis e militares, setor privado e setor público, estabelecido pelo National Security Act, insere-se

---

(16) ARENDT, Hannah. *Origens do totalitarismo*. Trad. Roberto Raposo. São Paulo: Companhia das Letras, 1989. p. 390.

um elo original na produção do saber-operação: o *think tank* ou reservatório de ideias. Em seu início, essa nova instituição de pesquisa recicla engenheiros e cientistas desmobilizados. O primeiro, e mais famoso, dos *think tanks* é fundado em 1946 pela Força Aérea americana em Santa Mônica, na Califórnia: A Rand (Research And Development Corporation). Esse reservatório de ideias, que também se tornará um centro de ensino superior, é o berço da análise de sistemas (*systems analysis*), das metodologias de custo-benefício (*cost-effectiveness*), do sistema de planejamento, programação e orçamento (Planning, Programming and Budgeting System ou PPBS) e das aplicações das teorias dos jogos. [...]

Polivalente e pluridisciplinar, esse tipo de reservatório de ideias se revelará pouco a pouco um local estratégico na produção de um saber orientado para o planejamento da sociedade do futuro.[17] (grifado no original)

Outros exemplos poderiam ser citados, como a criação da rede interna de comunicações ARPANET, desenvolvida com o incentivo do Pentágono americano para facilitar as comunicações entre seus grupos de pesquisas e que, anos mais tarde, viria a ser a base para o desenvolvimento da *internet*. Porém, os episódios mencionados aqui já bastam para salientar o papel de destaque que o Estado teve e continua tendo no manejo da informação, o que confirma as influências informacionais também na cena geopolítica internacional, como já sublinhado acima.

Agora já é chegado o momento de se precisarem alguns contornos do que se entende aqui por informação, até mesmo para facilitar o entendimento da sociedade informacional. Alcançar uma precisão conceitual a respeito do tema "informação" é tarefa assaz difícil, em parte graças à fluidez própria do assunto, e em parte também em decorrência do uso cotidiano dessa palavra, cujo significado é diluído nos mais diversos campos em que a mesma é empregada.

Tal delimitação conceitual foi tentada, *v. g.*, mediante teorias matemáticas, com a atenção voltada às quantidades de informações manipuladas. Analisando as pesquisas de Shannon, afirma Mattelart que: "Em 1949, o engenheiro e matemático Claude Elwood Shannon (1916-2001) formula uma teoria matemática da comunicação. Sua definição da

---

(17) MATTELART, Armand. *Op. cit.*, p. 58-59.

informação é estritamente física, quantitativa, estatística. Trata-se sobretudo de 'quantidades de informação'".[18]

No entanto, as contribuições matemáticas, encantadas pela objetividade dos números, carecem de uma análise da informação relacionada à construção de sentido que ocorre por meio dos processos comunicacionais. Criam-se noções meramente instrumentais da informação, como novamente aponta Mattelart:

> A imprecisão que envolve a noção de informação coroará a de "sociedade da informação". A vontade precoce de legitimar politicamente a ideia da realidade *hic et nunc* desta última justificará os escrúpulos da vigilância epistemológica. A tendência a assimilar a informação a um termo proveniente da estatística (*data*/dados) e a ver informação somente onde há dispositivos técnicos se acentuará. Assim, instalar-se-á um conceito puramente instrumental de sociedade da informação. Com a atopia social do conceito apagar-se-ão as implicações sociopolíticas de uma expressão que supostamente designa o novo destino do mundo.[19] (grifado no original)

Para preencher as lacunas de significado social deixadas pelas análises matemáticas, surgem estudos sobre as implicações civilizacionais da informação, muitos deles sucumbindo a tentações deterministas. O risco de cair no abismo das causas mecânicas e dissociadas de contextos culturais acompanha essas construções teóricas.

Tendo em vista essas considerações, que figuram como avisos àqueles que buscam o significado da noção de "informação", trazem-se à colação dois entendimentos sobre o tema. O primeiro, adotado por Manuel Castells com base na definição operacional de informação sustentada por Porat, salienta que "Informação são dados que foram organizados e comunicados".[20]

Já o segundo entendimento, haurido dos domínios da ciência cibernética e menos restritivo do que o primeiro, tem como vantagem o resgate da origem etimológica da palavra informação. De acordo com este segundo ponto de vista:

---

(18) MATTELART, Armand. *Op. cit.*, p. 63.
(19) *Ibidem*, p. 71.
(20) CASTELLS, Manuel. *A era da informação:* economia, sociedade e cultura — v. 1: A sociedade em rede. Trad. Roneide Venâncio Majer. 11. ed. São Paulo: Paz e Terra, 1999. p. 64, nota 24. .

A palavra latina *informare*, de onde vem a outra, informação, significa dar forma, ou aparência, pôr em forma, formar, criar, mas também representar, apresentar, criar uma ideia ou noção. É possível compreender a informação em geral como algo que é colocado em forma, em ordem. A informação significa a colocação de alguns elementos ou partes — sejam materiais, ou não materiais — em alguma forma, em algum sistema classificado; significa a classificação de alguma coisa. [...]

A informação, que está ligada à organização, está ligada também à conservação e transmissão desta organização.[21] (grifado no original)

Ademais, tais entendimentos não são aqui trazidos com intuitos conceituais definitivos e exclusivos de outras noções sobre o tema, que comporta um sem-número de significados. Apenas se teve o intento de buscar algumas noções mais precisas sobre este fascinante assunto que é a informação, cujo estudo tem o mérito — e ao mesmo tempo o risco — de afastar seus pesquisadores dos portos seguros da dogmática tradicional baseada em conceitos supostamente completos e herméticos.

Por fim, conjugando o quanto dito acima sobre a presença da informação nas sociedades, seus desdobramentos e conexões em relação à organização estatal, às formas hierárquicas de poder nas comunidades humanas, aos desenvolvimentos tecnológicos e outros assuntos correlatos, já se pode buscar uma aproximação da noção de sociedade informacional.

Os temas informação, organização social, estruturas de poder, desenvolvimento tecnológico, dentre outros, são elementos que se misturam para formar a sociedade informacional. Sua interação forma o amálgama de um novo arranjo social que absorve seus elementos em um novo composto, diferente de seus constituintes individualmente considerados e que, ao mesmo tempo, potencializa ao extremo cada um deles.

Tomam-se aqui, como referencial teórico, os delineamentos trazidos por Manuel Castells em estudo paradigmático sobre a sociedade informacional. Partindo da diferenciação entre sociedade da informação e sociedade informacional, Castells apresenta a seguinte construção teórica, cujos termos citam-se literalmente pela profundidade de seu significado:

---

(21) ZEMAN, Jirí. Significado filosófico da noção de informação. In: WIENER, N. *et. al*. *O conceito de informação na ciência contemporânea*. Rio de Janeiro: Paz e Terra, 1970. p. 156-159, *passim*.

> Gostaria de fazer uma distinção analítica entre as noções de "sociedade da informação" e "sociedade informacional" com consequências similares para economia da informação e economia informacional. O termo sociedade da informação enfatiza o papel da informação na sociedade. Mas afirmo que informação, em seu sentido mais amplo, por exemplo, como comunicação de conhecimentos, foi crucial a todas as sociedades, inclusive à Europa medieval que era culturalmente estruturada e, até certo ponto, unificada pelo escolasticismo, ou seja, no geral uma infraestrutura intelectual (ver Southern 1995). Ao contrário, o termo informacional indica o atributo de uma forma específica de organização social em que a geração, o processamento e a transmissão da informação tornam-se as fontes fundamentais de produtividade e poder devido às novas condições tecnológicas surgidas nesse período histórico. [...]
>
> Por exemplo, uma das características principais da sociedade informacional é a lógica de sua estrutura básica em redes, o que explica o uso do conceito de "sociedade em rede", definido e especificado na conclusão deste volume. Contudo, outros componentes da "sociedade informacional", como movimentos sociais ou o Estado, mostram características que vão além da lógica dos sistemas de redes, embora sejam muito influenciados por essa lógica, típica da nova estrutura social.[22]

Assim delineada a sociedade informacional, vêm a lume todo o esplendor e a exuberância da informação neste novo tipo social. Voando altaneira nas asas da atual revolução tecnológica, a informação passa a ser a matéria-prima e, simultaneamente, o produto dessa revolução, como assinala Castells:

> O que caracteriza a atual revolução tecnológica não é a centralidade de conhecimentos e informação, mas a aplicação desses conhecimentos e dessa informação para a geração de conhecimentos e de dispositivos de processamento/comunicação da informação, em um ciclo de realimentação cumulativo entre a inovação e seu uso. [...]
>
> As novas tecnologias da informação não são simplesmente ferramentas a serem aplicadas, mas processos a serem desenvolvidos. Usuários e criadores podem tornar-se a mesma coisa.[23]

---

(22) CASTELLS, Manuel. *Op. cit.*, p. 64-65, nota 30.
(23) *Ibidem*, p. 69.

Tendo sido assentado o relevo da informação nas sociedades como um todo, em especial na sociedade informacional contemporânea, é importante analisar de maneira mais detida suas implicações político-jurídicas nas organizações sociais, de modo a se poder articular os temas direito à informação e tutela ambiental, foco deste capítulo. Neste tortuoso caminho, será preciso cruzar a ponte representada pelo "Estado da informação democrática de direito", cuja travessia se realiza no item que segue.

1.2. ESTADO DA INFORMAÇÃO DEMOCRÁTICA DE DIREITO

Delineados os contornos da sociedade informacional, parte-se agora para uma análise específica da informação e seus desdobramentos sob o ângulo político-jurídico no âmbito social. Os apontamentos feitos nesta seção representam uma etapa epistemológica prévia para que se possa, após seu desenvolvimento, fazer a conexão entre as questões informacionais trazidas acima e o direito à informação enquanto instrumento de tutela do meio ambiente.

No intuito de abordar as implicações informacionais nas áreas política e jurídica, traz-se à análise a noção de "Estado da informação democrática de direito". A expressão é trabalhada por Paulo Affonso Leme Machado em obra de referência na doutrina brasileira sobre o direito à informação na seara ambiental.[24]

Deixa-se de precisar, ao menos neste momento, o que o autor citado entende por Estado da informação democrática de direito. Com isso, mantém-se certa liberdade investigativa para trabalhar as ideias de *democracia* e de *Estado de direito* — contidas no enunciado — sob uma ótica geral e abstrata, colhendo diferentes aportes doutrinários que vêm a reforçar o significado da feliz expressão cunhada pelo professor Paulo Affonso Leme Machado.

Nessa esteira de raciocínio, pode-se dar seguimento à análise aqui desenvolvida por meio de alguns apontamentos sobre a *democracia* enquanto sistema de organização social. As considerações que seguem não têm por objetivo um resgate histórico dos modelos democráticos desenvolvidos pelas sociedades ao longo dos anos, o que, em face da característica contextual dos arranjos políticos dos povos, demandaria um desenvolvimento além dos intentos deste trabalho. O que se almeja é construir um breve apanhado

---

[24] MACHADO, Paulo Affonso Leme. *Direito à informação e meio ambiente*. São Paulo: Malheiros, 2006.

sobre os marcos principais de um modelo democrático, mesmo tendo-se em vista suas possíveis variações no tempo e no espaço.

Em face do destaque obtido pela forma de organização democrática na antiguidade clássica (simbolizada pelas civilizações grega e romana), é possível colher alguns delineamentos importantes dessa experiência histórica. Cite-se o exemplo democrático grego, construído sobre o pano de fundo de uma sociedade heterogênea, mormente após a desintegração do sistema familiar dos *genos* e o agrupamento dos povos em cidades-estados (*polis*). A organização social foi marcada pela presença da escravidão em diversos períodos da história helênica, sendo que, obviamente, aos escravos não foram conferidos direitos políticos.

Especificamente sobre a democracia grega, consegue-se colher importantes esclarecimentos a partir da filosofia desenvolvida na Grécia antiga. Uma das contribuições mais relevantes sobre a forma democrática grega de governo é dada por Aristóteles (385 — 322 a.C.), em suas lições constantes em *A Política*. Nesta, o filósofo aborda diversas formas de governo, sendo as três formas principais monarquia, aristocracia e república; seguidas das respectivas formas degeneradas que eram tirania, oligarquia e democracia.

A democracia, uma das formas degeneradas de governo, vem apresentada como um regime em que o poder está nas mãos dos homens livres que não possuem riquezas, sempre em oposição ao regime oligárquico, dominado pelos cidadãos mais abastados. Vê-se que, na ótica aristotélica, o critério decisivo para vislumbrar uma organização democrática não é de índole numérica, mas de natureza econômica. Colaciona-se a lição do filósofo:

> Não se deve, como costumavam fazer certas pessoas, definir simplesmente a democracia como o governo em que a maioria domina. Nas próprias oligarquias e em qualquer outra parte, é sempre a maioria que se sobressai. [...]

> Portanto, deve-se antes chamar democracia o Estado que os homens livres governam, e oligarquia o que os ricos governam. O acidente faz com que o número seja maior ou menor, sendo o comum que o maior número seja o dos homens livres e o menor, o dos ricos.[25]

---

(25) ARISTÓTELES. *A política*. 2. ed. Trad. Roberto Leal Fereira. São Paulo: Martins Fontes, 1998. p. 119-120.

Pode-se entrever na doutrina de Aristóteles o gérmen de uma concepção da democracia como um modelo de organização que trabalha e gere o conflito no seio das sociedades. Este conflito pode ser o de classes ou de ideias, sendo que esta última acepção (conflito de ideias) foi a que se consolidou e chegou até os dias atuais, ponto que será abordado novamente abaixo. O trecho a seguir parece reforçar esta visão conflitiva na ideia aristotélica de democracia:

> Os pobres e os ricos parecem, portanto, formar a principal divisão das classes do Estado. Aliás, como de ordinário uns contam um número bem pequeno e outros um número bem maior, é claro que são partes contrárias entre si. Assim, é pela preponderância de cada um deles que distinguimos os regimes entre democracia e oligarquia.[26]

Prosseguindo-se na busca de elementos que contribuam para traçar um panorama geral sobre a democracia, avança-se na linha do tempo até outro episódio histórico muito significativo: a Revolução Francesa. Tal avanço justifica-se em virtude do destaque dado a uma outra característica marcante do regime democrático, qual seja, sua relação com a limitação do poder dos governantes.

Novamente é importante lançar um olhar sobre o panorama histórico francês do século XVIII, que viu eclodir o movimento revolucionário em 1789. A sociedade francesa estava dividida em estamentos, como a nobreza (de sangue ou de toga, esta sendo formada por burgueses que obtiveram títulos nobiliárquicos pela compra ou pelo mérito); o clero (alto e baixo, segundo a hierarquia da igreja e a origem de seus integrantes); e o terceiro estado[27], composto pelo restante do povo, aí incluindo burgueses das mais variadas áreas (comerciantes, profissionais liberais, banqueiros, funcionários públicos, etc.) e as camadas mais humildes da população.

O movimento revolucionário francês pode ser entendido, principalmente, como uma tomada de posição do terceiro estado — em especial da classe burguesa — contra os privilégios do clero e da nobreza. O sistema de privilégios estamentais do remanescente sistema feudal acabava por alijar de forma significativa a classe dos burgueses do processo de tomada de

---

(26) *Ibidem*, p. 123.
(27) Referências precisas à situação do terceiro estado francês no século XVIII podem ser encontradas nos escritos de Emmanuel J. Sieyès. Sobre o assunto, merece destaque SIEYÈS, Emmanuel Joseph. *A constituinte burguesa*. 4. ed. Trad. Norma Azevedo. Rio de Janeiro: Lumen Juris, 2001, obra na qual Sieyès expõe sua teoria da representação política, com importantes contribuições no que diz respeito à conformação do poder constituinte na ordem constitucional.

decisões políticas na sociedade. Daí a insatisfação com o antigo regime de poder e a forma concentrada com que se dava a condução dos assuntos públicos, o que insuflou os ânimos contra o poder absolutista.

Neste contexto social, as ideias democráticas surgidas na França revolucionária miravam antes a limitação do poder político absolutista do que a elevação das camadas mais humildes da população ao poder. Assim, percebem-se as diferenças entre os ideais democráticos franceses e os gregos, com uma retomada e consequente manipulação do ideário democrático da antiguidade clássica em prol dos interesses políticos e econômicos da incipiente classe burguesa.

Apontadas as discrepâncias entre o modelo democrático grego e aquele retomado quando das revoluções burguesas do século XVIII, em especial na França, são importantes as lições de Fábio Comparato:

> Mas a democracia que ressurge nessa época nada tem que ver com a *demokratia* grega. Nesta, como explicou Aristóteles o poder supremo (*kyrion*) pertence ao *demos*, que o exerce diretamente e nunca por meio de representantes. Ora, o *demos* ateniense é composto, em sua grande maioria, de pequenos camponeses e artesãos, ou seja, de grupos de baixo poder econômico. É por isso que, no pensamento político grego, a democracia representa a exata antítese da oligarquia, em que o poder político supremo pertence à classe proprietária.
>
> Em sentido contrário, a democracia moderna, reinventada quase ao mesmo tempo na América do Norte e na França, foi a fórmula política encontrada pela burguesia para extinguir os antigos privilégios dos dois principais estamentos do *ancien régime* — o clero e a nobreza — e tornar o governo responsável perante a classe burguesa. O espírito original da democracia moderna não foi, portanto, a defesa do povo pobre contra a minoria rica, mas sim a defesa dos proprietários ricos contra um regime de privilégios estamentais e de governo irresponsável. Daí por que, se a democracia ateniense tendia, naturalmente, a concentrar poderes nas mãos do povo (*demos*), a democracia moderna surgiu como movimento de limitação geral dos poderes governamentais, sem qualquer preocupação de defesa da maioria pobre contra a minoria rica.[28] (grifado no original)

---

(28) COMPARATO, Fábio Konder. *A afirmação histórica dos direitos humanos*. 4. ed. São Paulo: Saraiva, 2005. p. 50.

Com esse breve escorço sobre as configurações democráticas grega e francesa, teve-se por objetivo ressaltar dois traços importantes do regime democrático como um todo, quais sejam, a *descentralização* e a *limitação do poder*. O quadro da Grécia antiga aponta para um alargamento dos cânones de participação na vida política da comunidade, abrindo caminho para a atuação de camadas sociais excluídas (camponeses, artesãos, etc.). Já a cena ilustrada pela Revolução Francesa traz a limitação dos poderes do governante como uma das pilastras do regime democrático.

Estas duas noções, descentralização e limitação do poder, depuradas das distorções que acompanharam sua implementação empírica, são importantes marcos para a democracia contemporânea. Juntas, servem de apoio à compreensão do elemento democrático contido na ideia de "Estado da informação democrática de direito".

Afora este corte epistemológico representado pelo destaque dado aos modelos históricos de democracia grega e francesa, são de grande significado as lições de Boaventura de Sousa Santos e Leonardo Avritzer quando apontam algumas das etapas dos debates sobre a questão democrática no século XX. Depreende-se de suas palavras a existência de três etapas, sendo a primeira aquela ocorrida na metade inicial do século e centrando-se em torno da *desejabilidade da democracia*; já a segunda etapa seria aquela relativa às *condições estruturais da democracia*; enquanto que a terceira etapa (ou onda de debates) concerne ao problema da *forma da democracia e sua variação*.[29]

A esta altura, é conveniente buscar um delineamento mais sistemático sobre a configuração de uma sociedade democrática. Trabalhando com as noções de descentralização, que, por sua vez, suscitam desdobramentos quanto ao gerenciamento de conflitos nas sociedades, e estão ligadas às limitações do poder tanto de governantes quanto de grupos sociais hegemônicos; bem como com a noção de historicidade, ressaltada acima, tem-se que a democracia apresenta como características a legitimação do conflito e a historicidade. Conforme conclusões precisas de Marilena Chaui, esses dois traços identificam a democracia em meio a outras formas sociais e políticas:

> 1. a democracia é a única sociedade e o único regime político que **considera o conflito legítimo**. Não só trabalha politicamente os conflitos de necessidades e de interesses (disputas entre os partidos

---

(29) SANTOS, B. de S.; AVRITZER, L. Introdução: para ampliar o cânone democrático. In: SANTOS, Boaventura de Sousa (org.). *Democratizar a democracia:* os caminhos da democracia participativa. 3. ed. Rio de Janeiro: Civilização Brasileira, 2005. p. 39-41, *passim*.

> políticos e eleições de governantes pertencentes a partidos opostos), mas procura instituí-los como direitos e, como tais, exige que sejam reconhecidos e respeitados. Mais do que isso. Na sociedade democrática, indivíduos e grupos organizam-se em associações, movimentos sociais e populares, classes se organizam em sindicatos e partidos, criando um **contrapoder social** que, direta ou indiretamente, limita o poder do Estado;
>
> 2. a democracia é a **sociedade verdadeiramente histórica**, isto é, aberta ao tempo, ao possível, às transformações e ao novo. Com efeito, pela criação de novos direitos e pela existência dos contrapoderes sociais, a sociedade democrática não está fixada numa forma para sempre determinada, ou seja, não cessa de trabalhar suas divisões e diferenças internas, de orientar-se pela possibilidade objetiva (a liberdade) e de alterar-se pela própria *práxis*.[30] (grifado no original)

Burilando os conflitos da sociedade, a democracia permanece sempre aberta ao acontecer, ao devir dos novos projetos civilizatórios brandidos pelos atores sociais. No entanto, as lutas contemporâneas são, antes de tudo, lutas discursivas. A democracia é marcada pelo debate infinito nos canais de comunicação públicos e privados. A atitude comunicacional representa também importante meio de coordenação das ações dos membros da comunidade, de modo a possibilitar a própria existência do grupo social pelo exercício de uma racionalidade comunicativa, como ensina Habermas:

> Se partimos de que a espécie humana se mantém através das atividades socialmente coordenadas de seus membros e de que esta coordenação tem que se estabelecer por meio da comunicação, e nos âmbitos centrais por meio de uma comunicação tendente a um acordo, então a reprodução da espécie exige *também* o cumprimento das condições de racionalidade imanente à ação comunicativa.[31] (grifado no original)

---

(30) CHAUI, Marilena. *Convite à filosofia*. 12. ed. São Paulo: Ática, 2001. p. 433.
(31) HABERMAS, Jürgen. *Teoría de la acción comunicativa*. I: racionalidad de la acción y racionalización social. Trad. Manuel Jiménez Redondo. Madrid: Taurus, 2003. p. 506 . Conforme consta no original: "Si partimos de que la especie humana se mantiene a través de las actividades socialmente coordinadas de sus miembros y de que esta coordinación tiene que establecerse por medio de la comunicación, y en los ámbitos centrales por medio de una comunicación tendente a un acuerdo, entonces la reproducción de la especie exige también el cumplimiento de las condiciones de la racionalidad inmanente a la acción comunicativa". Vale destacar que, nesta obra (v. I e II), Habermas desenvolve uma noção de racionalidade comunicativa fundada em pretensões de validez suscetíveis

Como condição de uma participação efetiva nos debates democráticos, seus participantes precisam estar munidos de informações verazes e atualizadas, sob pena de ficarem alijados do processo comunicacional, ou nele participarem somente na condição de expectadores manipuláveis. Sem informação, não há participação qualificada nos embates democráticos, embates que ocorrem, principalmente, no campo discursivo, com destaque para a arena da esfera pública.

A necessidade de acesso a informações confiáveis para a efetivação dos postulados democráticos se faz ainda maior em um âmbito comunicativo tomado pela atuação da grande mídia. O campo da esfera pública restou colonizado por grupos influentes de formação de opinião que subverteram os princípios da antiga esfera burguesa de discussões literárias, precursora de um espaço de crítica e reflexão social, tornando-o um *locus* privilegiado de afirmação do poder.

Sobre as origens e evoluções dessa esfera pública de natureza burguesa, inclusive com o enfoque de seu subjugo pelos grandes mídias, são de suma importância os ensinamentos de Habermas. Expõe este autor que:

> Na passagem do público que pensa a cultura para o público que consome cultura, o que anteriormente ainda se permitia que se distinguisse como esfera pública literária em relação à esfera política perdeu o seu caráter específico. [...]
>
> A esfera pública assume funções da propaganda. Quanto mais ela pode ser utilizada como meio de influir política e economicamente, tanto mais apolítica ela se torna no todo e tanto mais aparenta estar privatizada.[32]

É justamente nesta esfera pública, seduzida pelo poder da propaganda, que a informação é um pressuposto emancipador. Os fluxos informacionais moldam as novas hierarquias de poder social e, conforme sua orientação, podem acabar usurpando as potencialidades de uma vivência verdadeiramente democrática. A própria democracia pode se tornar uma informação a ser comercializada, assumindo um papel ideológico com forte capacidade de homogeneização de demandas e destruição de identidade culturais, passando a falsa impressão de que a participação política se resume ao voto periódico.

---

de crítica, que possuem como contexto e sistema de referências um mundo da vida compartilhado pelos partícipes da comunicação. A noção é oportuna para a ideia aqui desenvolvida, que sublinha a conflitividade democrática das sociedades contemporâneas, especialmente no âmbito comunicacional.
(32) HABERMAS, Jürgen. *Mudança estrutural da esfera pública:* investigações quanto a uma categoria da sociedade burguesa. Trad. Flávio R. Kothe. Rio de Janeiro: Tempo Brasileiro, 2003. p. 207-208.

Dessa forma, para que os diversos atores sociais possam atuar com desenvoltura em um espaço público conflitivo como o democrático, marcado por diferenças culturais, econômicas, de gênero e outras, necessitam conhecer as suas carências e potencialidades, bem assim como as de outros grupos que com eles travem diálogos no seio da comunidade.

Recorde-se que essa apontada conflitividade fica ainda mais nítida na seara ambiental. A degradação e a escassez dos recursos naturais geram um tensionamento adicional nas sociedades que ultrapassa os limites do Estado nacional. A apropriação do meio ambiente pelo homem é feita mediante o auxílio de várias ferramentas, sendo que, dentre elas, a informação ambiental conta com grande prestígio. O campo ambiental é conflitivo por definição, muito embora a própria natureza dê impressionantes exemplos de superação de conflitos e organização de cooperações entre os seres.

Lembram-se aqui as palavras de Darcísio Corrêa, que delineiam com precisão as características conflitivas de um espaço público que serve de pano de fundo para o exercício da cidadania:

> Nesse sentido "espaço público não é território, na acepção geográfica de localização e delimitação, mas antes de mais nada um conceito jurídico e político. (...) O espaço público... resulta da ação de seus membros" (Lafer, 1988, p. 219). Portanto a cidadania é fundamentalmente o processo de construção de um espaço público que propicie os espaços necessários de vivência e de realização de cada ser humano, em efetiva igualdade de condições, mas respeitadas as diferenças próprias de cada um. Por fim, tal processo de construção do espaço público, devido às contradições do sistema capitalista, se dá de forma conflitiva, como veremos.[33]

Nessa linha de entendimento, é possível afirmar que a efetivação do direito à informação ambiental possibilita o reforço da democracia direta nas sociedades contemporâneas. Assim, criam-se condições que permitem pensar — e realizar — práticas políticas diferenciadas do modelo democrático hegemônico, baseado no sistema representativo de interesses.

Do ponto de vista político-jurídico, a participação social no enfrentamento dos problemas ambientais representa uma prática democrática contra-

---

(33) CORRÊA, Darcísio. *A construção da cidadania:* reflexões histórico-políticas. Ijuí: Unijuí, 2000. p. 221.

-hegemônica consagrada pelo constitucionalismo contemporâneo em diversos ordenamentos. A respeito das práticas democráticas contra-hegemônicas, citem-se as observações de Boaventura de Sousa Santos e Leonardo Avritzer:

> O período pós-guerra não assistiu apenas à formação e à consolidação do elitismo democrático. Ao longo da formação de uma concepção hegemônica da democracia como prática restrita de legitimação de governos, surgiu também, no período pós-guerra, um conjunto de concepções alternativas que poderíamos denominar de contra-hegemônicas. [...]
>
> Assim, é possível mostrar que, apesar das muitas diferenças entre os vários processos políticos analisados, há algo que os une, um traço comum que remete à teoria contra-hegemônica da democracia: os atores que implantaram as experiências de democracia participativa colocaram em questão uma identidade que lhes fora atribuída externamente por um Estado colonial ou por um Estado autoritário e discriminador.[34]

Sendo assim, resta clara a necessidade de democratização da informação para que, por via reflexa, sejam democratizadas a própria sociedade e suas instituições e organizações. Do contrário, com o fechamento ou a manipulação dos fluxos informacionais, criar-se-á um grande obstáculo à implantação de um regime autenticamente democrático. Esta constatação é explicitada por Marilena Chaui ao analisar os perigos representados pela atuação dos grandes meios de comunicação na manipulação informativa:

> Um outro obstáculo ao direito à participação política é posto pelos meios de comunicação de massa. Só podemos participar de discussões e decisões políticas se possuirmos informações corretas sobre aquilo que vamos discutir e decidir. Ora, como já vimos, os meios de comunicação de massa não informam, desinformam. Ou melhor, transmitem as informações de acordo com os interesses de seus proprietários e das alianças econômicas e políticas destes com grupos detentores de poder econômico e político. Assim, por não haver respeito ao direito de informação, não há como respeitar o direito à verdadeira participação política.

---

(34) SANTOS, B. de S.; AVRITZER, L. *Op. cit.*, p. 50-57, *passim*.

> Os obstáculos à democracia não inviabilizam a sociedade democrática. Pelo contrário. Somente nela somos capazes de perceber tais obstáculos e lutar contra eles.[35]

Desenvolvendo ainda mais esta linha argumentativa, cabe registrar que, em um cenário globalizado como o atual, o fator "mobilidade" — seja a mobilidade de pessoas (daquelas que têm condições para tanto), de capitais, de informações, dentre outros — ganha proeminência. Esta mobilidade, notável aspecto do mundo globalizado, transmuda-se em fator de estratificação social, econômica, cultural, etc.[36]

Aqui se adota o entendimento segundo o qual, se a mobilidade pode gerar estratificação em diversos níveis, a mobilidade da informação é importante meio de inclusão/exclusão e de hierarquização no mundo globalizado. Portanto, os fluxos informacionais podem representar, além de meios de inclusão política, meios de inclusão social nas comunidades democráticas. Em um mundo cada vez mais interligado por tecnologias digitais que conduzem informações, há uma polarização crescente entre aqueles que estão "dentro" e aqueles que estão "fora" deste novo universo informacional, impedindo parcelas significativas da população de participar das oportunidades e benefícios sociais disponíveis.

Igualmente no que tange às relações entre informação e democracia, é importante recordar as implicações informacionais no campo econômico. Conforme se depreende das lições de Marshall McLuhan colacionadas acima, os avanços tecnológicos, como aqueles ligados à tipografia, possibilitaram a padronização de informações por meio de utensílios como os livros. Isto contribuiu para consolidar a informação como uma rentável mercadoria na sociedade capitalista.

Além disso, o domínio da informação conquistou de vez seu *status* de "arma" no cenário econômico. Ter acesso a conhecimentos privilegiados

---

(35) CHAUI, Marilena. *Op. cit.*, p. 435.
(36) Trazendo a ideia de mobilidade como fator de estratificação e ligando-a à informação, citem-se as palavras de Zygmunt Bauman: "No mundo do pós-guerra espacial, a mobilidade tornou-se o fator de estratificação mais poderoso e mais cobiçado, a matéria de que são feitas e refeitas diariamente as novas hierarquias sociais, políticas, econômicas e culturais em escala cada vez mais mundial. E para aqueles no topo da nova hierarquia, a liberdade de movimento traz vantagens muito além daquelas resumidas na fórmula de Dunlap. [...] Dentre todos os fatores técnicos da mobilidade, um papel particularmente importante foi desempenhado pelo transporte da informação — o tipo de comunicação que não envolve o movimento de corpos físicos ou só o faz secundária e marginalmente. Desenvolveram-se de forma consistente meios técnicos que também permitiram à informação viajar independente dos seus portadores físicos — e independente também dos objetos sobre os quais informava: meios que libertaram os 'significantes' do controle dos 'significados'". (BAUMAN, Zygmunt. *Op. cit.*, p. 16-21, *passim*)

nas disputas por mercados tornou-se definitivamente o fiel da balança para o sucesso nas atividades de produção e circulação de bens, ainda mais em sociedades marcadas pela "instantaneidade" das informações. Isto pode dar ensejo a distorções no âmbito econômico, inclusive com obtenção de informações "diferenciadas" junto a fontes privadas e governamentais, diminuindo a democracia na esfera econômica mediante a construção de monopólios dos mais variados tipos.

Feitos alguns comentários sobre a democracia, passa-se a enfocar o outro elemento presente na expressão "Estado da informação democrática de direito", que é o atributo *de direito*. Embora guardando estreita conexão com os postulados democráticos, pois a democracia, em razão do aumento de complexidade da vida social, acabar por pressupor alguma espécie de normatividade da convivência entre os indivíduos, o aspecto jurídico pode ser objeto de alguns comentários específicos.

A expressão "Estado de Direito" assinala sua presença nos debates político-jurídicos, fruto principalmente da consolidação dos Estados constitucionais nos séculos XIX e XX. Beira ao truísmo mencionar que o Estado de Direito é aquele regulado por postulados jurídicos. No entanto, a afirmativa ganha em relevância se desdobrada e cotejada com seu oposto, o "Estado de não Direito". Conforme ensina Canotilho:

> Para facilitarmos a compreensão da complicada génese do Estado de direito avançaremos com uma caracterização simples, pois, como sempre, as caracterizações mais simples tornam-se mais impressivas. Estado de direito é um Estado ou uma forma de organização político-estadual cuja actividade é determinada e limitada pelo direito. "Estado de não direito" será, pelo contrário, aquele em que o poder político se proclama desvinculado de limites jurídicos e não reconhece aos indivíduos uma esfera de liberdade ante o poder protegida pelo direito.[37]

Com o desenvolvimento da noção de Estado de Direito apresentada acima, pode-se buscar uma análise das diversas características que, juntas, estruturam essa categoria de organização social. Tomando-se por base novamente as lições de Canotilho[38], registra-se que o Estado de direito possui

---

(37) CANOTILHO, José Joaquim Gomes. *Estado de direito*. Lisboa: Gradiva, 1999. p. 11.
(38) *Ibidem*, p. 23-45, *passim*. Para fins de esclarecimento, registre-se que os comentários que seguem no texto sobre as dimensões do Estado de Direito (juridicidade, democracia, sociabilidade e sustentabilidade ambiental), são todos embasados nos apontamentos feitos por Canotilho no livro ora citado. Portanto, para evitar repetição de citações, fica desde já assentado que os comentários foram extraídos da obra mencionada, no intervalo de páginas aqui apontado (p. 23 a 45), ora citados de maneira indireta.

as seguintes dimensões: juridicidade, democracia, sociabilidade e sustentabilidade ambiental.

A dimensão da *juridicidade* engloba desde o reconhecimento das "listas" de direitos fundamentais (inicialmente com destaque para os direitos liberais de proteção do indivíduo em face do Estado), passando pela afirmação do princípio da legalidade consagrado nas revoluções demoliberais burguesas e constitucionais do século XVIII, até a emergência da fórmula alemã Estado de Direito (*Rechtsstaat*), esta trazendo a noção de um Estado juridicamente vinculado em nome do resguardo da autonomia individual, formando um Estado liberal de direito.

Já a dimensão *democrática* seria conseguida pelo acréscimo da legitimação popular do poder pela participação inerente aos processos democráticos. Aqui há uma interdependência das noções de Estado de Direito e Estado Democrático, tal como salientada linhas acima quando se abordou a democracia. A articulação entre direito e poder passa a exigir uma legitimação deste último mediante procedimentos regulados juridicamente.

A estrutura do Estado constitucional democrático de direito é tida como um ponto de partida e não um ponto de chegada. Configura-se como uma tecnologia jurídico-política apta a proporcionar a construção de uma ordem de segurança e paz jurídicas, inclusive em novos horizontes como os da comunidade internacional formada por blocos de Estados.

Quanto à dimensão da *sociabilidade* ou social, denota-se a importância da construção de um Estado social de direito. Tal forma de organização considera os postulados da justiça social, assim como a necessidade de efetivação dos princípios democráticos também nas áreas econômica, social e cultural, com atenção para a realidade cotidiana dos indivíduos. Os princípios do Estado social são mantidos, como intervenções regulativas na atividade econômica; tentativa de contenção das disparidades sociais; promoção do equilíbrio dos direitos chamados sociais como aqueles ligados ao trabalho; dentre outros.

Em decorrência dessas características, a sociabilidade também traz compromissos implícitos com a solidariedade e a inclusão do outro enquanto expressões da vida comunitária. Sem descurar dos direitos individuais como aqueles ligados à liberdade dos cidadãos, há a consideração também do *outro* enquanto sujeito de direitos e portador de dignidade.

Por fim, no que tange à *sustentabilidade ambiental*, acaba por grassar a ideia de que os Estados e comunidades políticas devem organizar suas ações e estruturas de modo a existirem de forma ecologicamente autossustentada. A ideia de um Estado ambiental implica o dever de o Estado agir, juntamente e em cooperação com outros Estados e grupos sociais, para a promoção de políticas públicas pautadas pela marca da sustentabilidade ecológica. Também vem à tona a responsabilidade intergeracional, como fruto de considerações éticas e solidarísticas calcadas em condutas públicas e privadas de tutela do meio ambiente.

Para a efetivação desta dimensão ambiental do Estado de Direito, assim como em outras situações, deve haver um diálogo democrático. Com isso, exigem-se instrumentos de abertura à participação popular e à sociedade civil como um todo nos debates e ações referentes à defesa do meio ambiente, haja vista sua natureza difusa.

Como corolário dessas ponderações, emerge a questão da justiça ambiental. Esse aspecto específico da justiça traz a lume os debates sobre a distribuição dos riscos ambientais e das consequências da degradação, na tentativa de evitar a transferência desses "ônus" para regiões deprimidas do globo, assim como para países economicamente suscetíveis de pressões imperialistas.

Com estes comentários sobre o Estado de Direito, tomados de empréstimo à doutrina do professor Canotilho, somados às ponderações feitas sobre democracia, já estão lançados alguns pressupostos teóricos para o entendimento da noção de Estado da informação democrática de direito, objetivo maior desta seção.

Das considerações sobre a democracia, colheram-se as noções de descentralização e limitação do poder, obtidas da análise dos modelos históricos grego e francês, respectivamente. Graças a esses ideais, a democracia passa a ser tida como um regime que aceita e institucionaliza os conflitos sociais, assumindo uma configuração histórica e culturalmente condicionada. Com a organização dessa esfera conflitiva por intermédio de instituições sociopolíticas, os embates democráticos passam a ocorrer, principalmente, num âmbito discursivo, desvelando toda a importância da informação enquanto base das novas lutas sociais.

Além disso, viu-se a importância da informação também no que tange à inclusão/exclusão social e à democracia na esfera econômica, o que vem a demonstrar a amplitude das ligações existentes entre o fenômeno informacional e a democracia nos diversos níveis da sociedade (político, social, econômico, e outros).

Os apontamentos sobre o Estado de Direito trouxeram a relevância da regulação jurídica da vida em sociedade e, também, o preenchimento dessa noção pelas dimensões da juridicidade, democracia, sociabilidade e sustentabilidade ambiental. O império do direito não traduz o reinado apenas da regulação jurídica, mas também de considerações de justiça, solidariedade, igualdade material, preservação ambiental, dentre outras de igual relevo.

Com base na conjugação dessas conclusões, traz-se à colação a significativa expressão de Paulo Affonso Leme Machado, que aponta para a necessidade de um "Estado da informação democrática de direito". Tal enunciado é explicado da seguinte maneira:

> A expressão "Estado da Informação Democrática de Direito" pretende caracterizar a valorização de um dos direitos fundamentais — informação —, que está também ligado aos elementos sociais e econômicos do Estado contemporâneo, na vivência da democracia. Sem informação adequada não há democracia e não há Estado de Direito. [...]
>
> O conceito de *Estado da Informação Democrática de Direito* abrange a informação democrática, onde a isonomia possibilite a todos, sem exceção, acessar a informação existente, ou recebê-la, em matéria de interesse público ou geral. "Estado de Direito" porque tanto o acesso como a divulgação da informação não são absolutos, estando subordinados às normas legais preexistentes e à interpretação e decisão dos tribunais, nos casos conflitantes.[39] (grifado no original)

É da imbricação entre os elementos da democracia e da subsunção ao direito, tendo a informação como pano de fundo, que floresce o Estado da informação democrática de direito. Mais do que uma mera junção de elementos, e tendo-se em mente o risco de extravasar as definições de seu próprio autor, a expressão pode ser entendida como a sinergia entre esses três componentes — informação, democracia e direito — que acaba por atribuir a todos eles uma força maior do que se considerados separadamente, situação esta em que talvez deixem de existir enquanto tais.

Após ser ressaltada a importância da informação nas sociedades, culminando no surgimento da sociedade informacional, e tendo-se esclarecido as bases do Estado da informação democrática de direito, pode-

---

(39) MACHADO, Paulo Affonso Leme. *Direito à informação e meio ambiente*. São Paulo: Malheiros, 2006. p. 49-50.

-se partir para o enfoque específico do direito à informação enquanto relacionado à tutela ambiental. Com o intuito de operacionalizar a pesquisa, o direito à informação na seara ambiental será abordado tendo-se como parâmetro o ordenamento jurídico brasileiro fundado na Constituição Federal de 1988, o que passa a ser feito na seção que ora se inicia.

1.3. DIREITO À INFORMAÇÃO E TUTELA AMBIENTAL

A sociedade informacional é uma realidade, assim como o Estado da informação democrática de direito abriu um novo horizonte de significados para a conjugação dos temas informação, democracia e regulação jurídica. Nesse panorama de valorização da informação, que repercute no âmbito de seu acolhimento pelos quadros normativos Estatais, é oportuno analisar os contornos que o ordenamento jurídico lhe confere. Assim, possibilita-se uma abordagem mais concreta das questões informacionais, com destaque para as reflexões suscitadas pelo debate sobre o direito à informação.

A construção de uma análise empírica sobre a regulação jurídica da informação, em especial do direito à informação, possibilita uma melhor conexão dessa temática com a seara ambiental. Abordando-se a específica configuração dada pelo acolhimento jurídico do acesso à informação, é possível perquirir a medida em que esse acesso permite uma efetiva tutela do meio ambiente[40] em seus mais variados âmbitos simbólicos, inclusive no que se refere ao meio ambiente do trabalho, tema principal deste ensaio.

Parte-se da premissa de que a concretização do direito à informação representa um dos pilares de uma tutela efetiva do meio ambiente, nele incluído o meio ambiente do trabalho.[41] Aqui se impõe uma questão preliminar: qual a necessidade de se tutelar o meio ambiente? A resposta a essa questão ajudará a compreender melhor o sentido das normas sobre direito à informação no campo ambiental.

---

(40) Sobre a terminologia "meio ambiente", cabe recordar a lúcida ressalva de Celso Fiorillo, para quem: "Primeiramente, verificando a própria terminologia empregada, extraímos que *meio ambiente* relaciona-se a tudo aquilo que nos circunda. Costuma-se criticar tal termo, porque pleonástico, redundante, em razão de *ambiente* já trazer em seu conteúdo a ideia de 'âmbito que circunda', sendo desnecessária a complementação pela palavra *meio*" (FIORILLO, Celso Antonio Pacheco. *Curso de direito ambiental brasileiro*. 9. ed. São Paulo: Saraiva, 2008. p. 19, grifado no original). Mesmo considerando tal ressalva, utilizar-se-á a expressão *meio ambiente* neste estudo, haja vista seu uso mais difundido na doutrina ambiental, assim como na jurisprudência e legislação brasileiras.

(41) Maiores esclarecimentos sobre o significado do meio ambiente do trabalho — tendo-se em vista a configuração que lhe foi traçada pelo ordenamento jurídico brasileiro contemporâneo — serão dados no capítulo 3, seção 3.1, que tratará sobre a compreensão da noção de meio ambiente do trabalho no direito pátrio.

Como resposta, recorde-se que um meio ambiente ecologicamente equilibrado é essencial à sadia qualidade de vida dos organismos, dentre os quais se inclui o ser humano. Seja por considerações utilitaristas, que visam à maximização de bens ou utilidades, ou seja por manifestações altruístas de cuidados com os demais seres do planeta, o certo é que uma tutela ambiental é necessária inclusive para a sobrevivência do próprio homem, que é parte integrante do meio ambiente.

Como complemento e decorrência dessa resposta, surge também uma outra consideração que, apesar de singela, traz a força da obviedade: a tutela do meio ambiente é necessária porque existe degradação ambiental. E esta degradação não é recente em nosso planeta, vindo de longa data. De acordo com levantamento feito por McCormick sobre o histórico da destruição ambiental:

> Embora os movimentos ambientalistas datem do pós-guerra, a destruição ambiental tem uma longa linhagem. Há cerca de 3.700 anos, as cidades sumérias foram abandonadas quando as terras irrigadas que haviam produzido os primeiros excedentes agrícolas do mundo começaram a tornar-se cada vez mais salinizadas e alagadiças. Há quase 2.400 anos Platão deplorava o desmatamento e a erosão do solo provocada nas colinas da Ática pelo excesso de pastagem e pelo corte de árvores para lenha. Na Roma do século I, Columela e Plínio, o Velho, advertiram que o gerenciamento medíocre dos recursos ameaçava produzir quebras de safras e erosão do solo. Por volta do século VII o complexo sistema de irrigação da Mesopotâmia, construído 400 anos antes, começava a sucumbir sob o peso da má administração. Na mesma época o crescimento populacional plantava as sementes do colapso da civilização maia no século X. A construção de embarcações para a frota do Império Bizantino, Veneza, Gênova e outros estados marítimos italianos reduziu as florestas costeiras do Mediterrâneo. A poluição do ar pela queima de carvão afligia tanto a Inglaterra medieval que em 1661 o memorialista e naturalista John Evelyn deplorava a "Nuvem lúgubre e Infernal" que fez a Cidade de Londres parecer-se com "a Corte de Vulcano... ou os Subúrbios do Inferno, [ao invés] de uma Assembleia de Criaturas Racionais".[42]

---

(42) MCCORMICK, John. *Rumo ao paraíso:* a história do movimento ambientalista. Trad. Marco Antonio Esteves da Rocha e Renato Aguiar. Rio de Janeiro: Relume-Dumará, 1992. p. 15.

Enfocando-se a realidade brasileira, também há registros de processos de degradação ambiental em tempos idos. Apenas a título exemplificativo, recordem-se os episódios de desmatamento das florestas brasileiras em busca de madeiras visadas pelo mercado europeu durante a época colonial, como o pau-brasil, que proporcionava a obtenção de corantes usados nos finos tecidos europeus. Também é de se recordar a implantação e cultivo de monoculturas (com todos os seus malefícios ambientais), como a da cana-de-açúcar, utilizada pela coroa portuguesa para alavancar a ocupação e o povoamento da nova colônia americana. Não menos impressionantes são os episódios de extração de metais preciosos das reservas brasileiras descobertas com o avanço das investidas bandeirantes, como ocorreu em relação ao ouro a partir do século XVII.

Com os exemplos apontados da "longevidade" da degradação ambiental, é defensável a tese de que o próprio movimento ambiental surgiu tardiamente em relação às primeiras experiências de destruição do meio ambiente. Ressalte-se a importância de uma menção à configuração do movimento ambientalista, haja vista sua dupla condição de difusor de informações ambientais e de receptor das mesmas, desencadeando dinâmicas de participação popular nos processos decisórios que concernem ao ambiente.

Sobre as origens do movimento ambientalista, não há registros precisos de um marco inicial. Constata-se que teve um início difuso, assim como difusos eram e são os danos ambientais. Nesse sentido são as lições de McCormick:

> O movimento ambiental não teve um começo claro. Não houve um acontecimento isolado que inflamasse um movimento de massas, nenhum grande orador ou profeta que surgisse para incendiá-las, poucas grandes batalhas perdidas ou ganhas e poucos marcos dramáticos. O movimento não começou num país para depois espalhar-se em outro; emergiu em lugares diferentes, em tempos diferentes e geralmente por motivos diferentes. As questões ambientais mais antigas eram questões locais. [...] Esta evolução foi episódica, com períodos de expansão dinâmica intercalados por tempos de sonolência.[43]

Para uma análise das imbricações entre o direito à informação e a tutela do meio ambiente, também é importante mencionar o início do desenvolvimento de estudos ambientais de cunho mais sistemático. A Grã-

---

(43) *Ibidem*, p. 21.

-Bretanha dos séculos XVI ao XVIII experimentou um grande desenvolvimento de ciências como a botânica e a zoologia moderna, dentre outras, pelo trabalho de naturalistas de campo. Tanto maior era a expansão do conhecimento sobre o mundo empírico quanto mais assentados na cultura ocidental iam ficando os postulados racionalistas do Iluminismo. O movimento iluminista, mesmo tendo ganhado expressão somente a partir do século XVIII, já havia tido suas bases teóricas lançadas no século XVII por René Descartes e sua procura obcecada pela verdade por meio do método da dúvida metódica.[44] Neste mesmo contexto cultural, o saber ambiental, mesmo que de forma indireta, ainda contou com o impulso dado por movimentos como o romantismo e o bucolismo, apregoando as virtudes de uma retomada de laços com a natureza.

Nessa sequência de construção de um conhecimento mais aprofundado sobre o meio ambiente, merecem destaque os estudos de especialistas alemães sobre manejo florestal no século XIX, que se constituíram em modelo de exportação para Grã-Bretanha, Austrália e Índia colonial, dentre outros.

Os Estados Unidos da América (EUA) tiveram um crescimento semelhante ao da Europa em seu interesse pelo ambiente natural. Vale lembrar que os EUA criaram o primeiro parque nacional do mundo, consistindo em 800 mil hectares em Wyoming, que levou o nome de Parque Nacional de Yellowstone, como informa McCormick.[45] Também houve uma marcante divisão no movimento ambientalista norte-americano, que se deu entre a corrente dos preservacionistas e a dos conservacionistas. De acordo com McCormick: "Os primeiros buscavam preservar as áreas virgens de qualquer uso que não fosse recreativo ou educacional, e os últimos explorar os recursos naturais do continente, mas de modo racional e sustentável".[46]

A tematização teórica dos problemas ambientais foi crescente no século XX, o que contribuiu para a criação e o embasamento das normas jurídicas sobre a tutela do meio ambiente na Constituição e legislação interna dos diferentes países do mundo. Obras como o livro *Silent Spring* (Primavera Silenciosa), lançado por Rachel Carson em 1962, abordando temas aparentemente herméticos como os pesticidas e inseticidas sintéticos, tornaram-se sucesso de vendas e contribuíram para difundir o debate ambientalista.

---
(44) Uma esclarecedora síntese do pensamento cartesiano encontra-se na obra *Discurso do Método*, publicada em 1637, de autoria de René Descartes.
(45) MCCORMICK, John. *Op. cit.*, p. 30.
(46) *Ibidem*, p. 30.

O próprio movimento ambientalista viu-se remodelado, adotando uma concepção mais ampla do lugar ocupado pelo homem na biosfera, com um tom de crise cada vez mais crescente. As preocupações não se centravam tão somente no esgotamento dos recursos naturais ou no empobrecimento estético do mundo. A própria continuidade da vida humana se tornou ameaçada dada sua íntima conexão com o meio ambiente. Essa nova configuração do movimento ambientalista também foi marcada por uma maior politização do mesmo, buscando acesso aos meios institucionais de tomada de decisões políticas, como explica McCormick.[47]

Com o intuito de fornecer uma visão mais abrangente do movimento ambientalista, necessária para entender melhor esse poderoso canal de construção e divulgação de informações ambientais, registre-se que somente a partir do final da década de 60 é que começou a surgir um movimento ambiental de massas. A constatação é feita por Manuel Castells, dando como explicação a tal fato as conexões existentes entre os temas abordados pelo movimento ambientalista e as estruturas da nova organização social, a sociedade em rede. Conforme suas próprias palavras:

> Embora houvesse pioneiros de grande coragem e influência, como Alice Hamilton e Rachel Carson nos Estados Unidos, foi somente no final dos anos 60 que, nos Estados Unidos, Alemanha e Europa Ocidental surgiu um movimento ambientalista de massas, entre as classes populares e com base na opinião pública, que então se espalhou rapidamente para os quatro cantos do mundo. Por que isso aconteceu? Por que as ideias ecológicas repentinamente se alastraram como fogo nas pradarias ressequidas da insensatez do planeta? Proponho a hipótese de que existe uma relação direta entre os temas abordados pelo movimento ambientalista e as principais dimensões da nova estrutura social, a sociedade em rede, que passou a se formar dos anos 70 em diante: ciência e tecnologia como os principais meios e fins da economia e da sociedade; a transformação do espaço; a transformação do tempo; e a dominação da identidade cultural por fluxos globais abstratos de riqueza, poder e informações construindo virtualidades reais pelas redes da mídia. Na verdade, todos esses temas podem ser encontrados no universo caótico do ambientalismo e, ao mesmo tempo, nenhum deles pode ser claramente discernível em casos específicos. Contudo, sustento que há um discurso ecológico implícito e coerente que perpassa uma série de orientações políticas e origens sociais inseridas no movimento, e que fornece a estrutura

---
(47) *Ibidem*, p. 64.

sobre a qual diferentes temas são discutidos em momentos distintos e com propósitos diversos.⁽⁴⁸⁾

A partir da massificação do movimento ambientalista, sua consolidação enquanto propulsor de debates e ações a nível internacional não tardou. Exemplo marcante essa "internacionalização" foi a realização da Conferência das Nações Unidas sobre o Meio Ambiente Humano, em Estocolmo, na Suécia, no ano de 1972. Comentando sobre a importância dessa conferência na seara ambiental, esclarece McCormick que:

> Estocolmo foi sem dúvida um marco fundamental no crescimento do ambientalismo internacional. Foi a primeira vez que os problemas políticos, sociais e econômicos do meio ambiente global foram discutidos num fórum intergovernamental com uma perspectiva de realmente empreender ações corretivas. [...] marcou igualmente uma transição do Novo Ambientalismo emocional e ocasionalmente ingênuo dos anos 60 para a perspectiva mais racional, política e global dos anos 70. Acima de tudo, trouxe o debate entre os países menos desenvolvidos e mais desenvolvidos — com suas percepções diferenciadas das prioridades ambientais — para um fórum aberto e causou um deslocamento fundamental na direção do ambientalismo global.⁽⁴⁹⁾

Como o foco desta seção é a análise do direito à informação enquanto relacionado à tutela ambiental, tomando-se o ordenamento jurídico brasileiro como parâmetro, cabem aqui alguns comentários sobre o surgimento dos debates ambientais no Brasil. De acordo com o salientado linhas acima, a degradação do meio ambiente conta com longevo passado no Brasil. Já o enaltecimento da natureza, de registros um pouco mais recentes, deve algumas de suas manifestações mais antigas à expressão artística. Com efeito, as virtudes da natureza foram retratadas em belas páginas já na literatura arcadiana do século XVIII, ainda marcadamente influenciada pelos padrões literários da metrópole portuguesa.⁽⁵⁰⁾

---

(48) CASTELLS, Manuel. *A era da informação:* economia, sociedade e cultura. v. 2: O poder da identidade. Trad. Klauss Brandini Gerhardt. 2. ed. São Paulo: Paz e Terra, 1999. p. 154. Em apoio à tese de Castells sobre a configuração do movimento ambientalista de massas, citem-se as palavras de McCormick sobre a relação entre o movimento ambiental e os demais movimentos sociais a partir do final da década de 50: "No final das décadas de 50 e 60 várias questões sociais e políticas galvanizaram massas da população — particularmente os jovens — em protestos, o que criou um novo clima de intensificado ativismo público, do qual se beneficiou o ambientalismo" (MCCORMICK, John. *Op. cit.*, p. 75).
(49) MCCORMICK, John. *Op. cit.*, p. 97.
(50) São demonstrativos deste enaltecimento da natureza os seguintes versos de Tomás Antônio Gonzaga (1744-1810), poeta nascido em Portugal, mas que teve passagem influente pelo Brasil colonial no século XVIII:

Dando um grande salto no estudo do cenário ambiental brasileiro, pode-se partir para o século XX, no qual houve um incremento substancial da degradação ambiental até chegar a seu ápice durante o chamado "milagre econômico", alardeado pelos meios oficiais de comunicação do regime militar na década de 1970. O grande crescimento demográfico e a falta de organização e de planejamento urbano nas grandes cidades; o êxodo rural; a continuação e até mesmo ampliação do desmatamento da floresta amazônica; o fortalecimento da indústria automobilística e de sua estrutura de apoio; bem como a atenção dada à energia nuclear; dentre outros acontecimentos; trouxeram ao Brasil um indesejável destaque na geopolítica mundial da destruição do meio ambiente.

Destes tempos datam as primeiras manifestações da existência de um movimento ambientalista nacional. Recorde-se, no sul do país, o surgimento da Associação Gaúcha de Proteção do Ambiente Natural (AGAPAN), fundada em 1971, tendo como uma de suas primeiras bandeiras a luta contra a poluição do rio Guaíba e contando com a colaboração ímpar de José Lutzemberger. Novamente mirando-se o campo das artes, tiveram importante repercussão as manifestações do movimento tropicalista do final da década de 60 e início da década de 70, contando com a força de poetas e músicos de grande talento como Caetano Veloso, Gilberto Gil e outros. Também no Brasil o movimento ambientalista contou com contribuições poderosas da contracultura que se ramificava nas frestas do regime estabelecido.

Mesmo com significativas expressões de repercussão nacional, percebe-se uma espécie de "pulverização" do movimento ambientalista brasileiro. Nesse sentido é a observação feita por Alfredo Sirkis em apêndice à obra de John McCormick, já várias vezes citada. Escreve Sirkis que:

> Nos anos seguintes o movimento ecologista não trilhou o caminho de organização em grandes entidades. O Brasil não teve um processo de consolidação e expansão de grandes ONGs como uma Greenpeace, uma WWF ou uma Friends of the Earth. À medida que as ideias ecológicas cresciam na sociedade ia-se dando, não um fortalecimento qualitativo das primeiras entidades, mas

---

Enquanto pasta, alegre, o manso gado,
minha bela Marília, nos sentemos
à sombra deste cedro levantado.
Um pouco meditemos
na regular beleza,
que em tudo quanto vive nos descobre
a sábia Natureza.
Tomás Antônio Gonzaga, *Marília de Dirceu*. XXXIX.

uma multiplicação exponencial de novas entidades. Essa pulverização do movimento ecologista brasileiro é uma de suas características mais marcantes.[51]

Aspecto do movimento ambientalista brasileiro que interessa de perto à configuração do direito à informação enquanto instrumento de tutela ambiental é a tomada de um viés político pelos seus integrantes. De acordo com os relatos de Alfredo Sirkis[52], a redemocratização do país na década de 80 proporcionou uma natural politização do movimento. Inicialmente, houve uma divisão entre os ecologistas brasileiros, alinhados em torno de duas estratégias: a do *lobby* e a da organização popular. A corrente "lobbysta" apregoava o não alinhamento político-ideológico, com vistas a conseguir influir sobre quem detivesse o poder. Já a estratégia da mobilização e organização popular defendia a participação nos meios políticos institucionais, inclusive formando um partido político, como ocorreu com o Partido Verde no Brasil, a exemplo de outros países.

O cenário ambientalista brasileiro, assim como a sociedade pátria, é dual, tendo sido palco de exemplos históricos de condutas que se afastam de qualquer preocupação com a tutela ambiental, bem como de atitudes as mais louváveis de zelo com o meio ambiente. Como registro negativo pode ser citado um acontecimento de ampla repercussão no movimento ambientalista mundial, que foi o assassinato de Chico Mendes em 1988, ícone do movimento de resistência e valorização das atividades dos seringueiros (e outros grupos locais), grupo cultural que tem na extração vegetal artesanal na floresta amazônica o seu meio de vida.

Já como um acontecimento importante que coloca o Brasil no mapa das ações mundiais de proteção ao meio ambiente, recorde-se a realização em terras nacionais da Conferência das Nações Unidas para o Meio Ambiente e o Desenvolvimento (ECO-92), ocorrida na cidade do Rio de Janeiro no ano de 1992. Com os debates da ECO-92, as questões ambientais dominaram, uma vez mais, a atenção política global.

Feitos estes apontamentos sobre a necessidade de uma tutela ambiental efetiva, bem como sobre o desenvolvimento dos debates ecológicos proporcionados, sobretudo, pelo movimento ambientalista, resta perceptível uma crescente tomada de consciência sobre as questões ambientais. Mesmo

---

(51) SIRKIS, Alfredo. Enquanto isso, na terra do pau-brasil... (apêndice). In: MCCORMICK, John. *Rumo ao paraíso*: a história do movimento ambientalista. Trad. Marco Antonio Esteves da Rocha e Renato Aguiar. Rio de Janeiro: Relume-Dumará, 1992. p. 218.
(52) *Ibidem*, p. 218-219.

sendo inegável que entre os debates e as ações concretas existe uma grande distância, por vezes não transposta, o certo é que os assuntos ambientais ocupam hoje grande espaço nos fóruns de discussão, sejam eles locais ou globais.

Neste contexto de discussões — e sempre se tendo em vista a sociedade informacional descrita na seção 1, na qual a geração, o processamento e a transmissão de informações são fontes fundamentais de produtividade e de poder — exsurge o direito à informação enquanto meio de tutela do ambiente como um ponto central de disputas.

O saber ambiental ocupa o terreno conflitivo das lutas pela reapropriação da natureza, que pautam a conduta de diversos atores sociais. Aqui ganha destaque a incipiente teorização da ecologia política enquanto ciência que trata dos novos saberes críticos sobre o meio ambiente e, mais especificamente, sobre a própria produção dos saberes e informações ambientais. De acordo com os comentários de Enrique Leff:

> A ecologia política emerge nessa nova perspectiva do saber, nessa politização do conhecimento pela reapropriação social da natureza. A ecologia política se encontra assim no momento de fundação de seu campo teórico-prático, na construção de um novo território do pensamento crítico e da ação política. [...] À ecologia política concernem não apenas os conflitos de distribuição ecológica; ela também assume a tarefa de explorar sob nova luz as relações de poder no saber que se entretecem entre o mundo globalizado e os mundos de vida das pessoas.[53]

Outro ponto relevante no que concerne à informação enquanto meio de tutela ambiental é que ela permite uma melhor compreensão dos riscos envolvidos pelos avanços tecnológicos. Sobre a vinculação entre acesso à informação, tutela do meio ambiente e percepção dos riscos oriundos das atividades humanas, merece transcrição a lição de Luiz Ernani Bonesso de Araujo e Jerônimo Siqueira Tybusch:

> Como observamos, a questão informacional assume proporções gigantescas na cena ecológica. Sua veiculação é importantíssima para a compreensão da importância em preservar o meio em que vivemos para as gerações futuras, para podermos prever o

---

(53) LEFF, Enrique. *Racionalidade ambiental:* a reapropriação social da natureza. Trad. Luís Carlos Cabral. Rio de Janeiro: Civilização Brasileira, 2006. p. 300-301.

alcance de nossas tecnologias e os riscos oriundos de nossas atividades.[54]

Dada a importância da informação também no que diz respeito aos temas ambientais, nada mais natural que, no seio do Estado democrático de direito, o direito à informação passasse a habitar com ares de cidadania os domínios jurídicos. Passa-se a uma descrição sucinta desse direito do ponto de vista do Direito Ambiental Brasileiro.

Inicialmente, cabe uma distinção entre *liberdade de informação* e *direito à informação*. Considerando este um direito de cunho coletivo e aquela uma liberdade de natureza individual, ensina José Afonso da Silva que:

> Há que se fazer distinção entre liberdade de informação e direito à informação. Deste, que não é um direito pessoal nem profissional, mas um *direito coletivo*, trataremos no lugar próprio. [...]
>
> Nesse sentido, a *liberdade de informação* compreende a procura, o acesso, o recebimento e a difusão de informações ou ideias, por qualquer meio, e sem dependência de censura, respondendo cada qual pelos abusos que cometer. O acesso de todos à informação é um direito individual consignado na Constituição, que também resguarda o sigilo da fonte, quando necessário ao exercício profissional (art. 5º, XIV).[55] (grifado no original)

Já no que diz respeito ao direito à informação, o ilustre constitucionalista traz as seguintes considerações:

> O direito de informar, como aspecto da liberdade de manifestação de pensamento, revela-se um direito individual, mas já contaminado de sentido coletivo, em virtude das transformações dos meios de comunicação, de sorte que a caracterização mais moderna do *direito de comunicação*, que especialmente se concretiza pelos meios de comunicação social ou de massa, envolve a transmutação do antigo direito de imprensa e de manifestação do pensamento, por esses meios, em direitos de feição coletiva. Albino Greco notou essa transformação: "Já se observou que a liberdade de imprensa nasceu no início da idade moderna e

---

(54) ARAUJO, L. E. B. de; TYBUSCH, J. S. Pensamento sistêmico-complexo na transnacionalização ecológica. In: ARAUJO, L. E. B. de; VIEIRA, J. T. (orgs.). *Ecodireito:* O direito ambiental numa perspectiva sistêmico-complexa. Santa Cruz do Sul: Edunisc, 2007. p. 91-92.
(55) SILVA, José Afonso da. *Curso de direito constitucional positivo.* 26. ed. São Paulo: Malheiros, 2006. p. 245-246.

se concretizou — essencialmente — num *direito subjetivo do indivíduo* de manifestar o próprio pensamento: nasce, pois, como *garantia de liberdade individual*. Mas, ao lado de tal direito do indivíduo, veio afirmando-se o direito da coletividade à informação".[56] (grifado no original)

Ressaltada a feição coletiva do direito à informação, mostra-se possível analisar as configurações por ele tomadas enquanto instrumento da tutela ambiental no direito pátrio. Já no campo principiológico, tem-se que o direito à informação serve de base a um dos mais importantes princípios do direito ambiental brasileiro: o princípio da participação.[57] Comentando tal princípio, Celso Fiorillo delineia-o da seguinte maneira:

> Ao falarmos em participação, temos em vista a conduta de *tomar parte* em alguma coisa, *agir em conjunto*. Dadas a importância e a necessidade dessa ação conjunta, esse foi um dos objetivos abraçados pela nossa Carta Magna, no tocante à defesa do meio ambiente.
>
> A Constituição Federal de 1988, em seu art. 225, *caput*, consagrou na defesa do meio ambiente a atuação presente do *Estado* e da *sociedade civil* na proteção e preservação do meio ambiente, ao impor à coletividade e ao Poder Público tais deveres. Disso retira-se uma atuação conjunta entre organizações ambientalistas, sindicatos, indústrias, comércio, agricultura e tantos outros organismos sociais comprometidos nessa defesa e preservação.[58] (grifado no original)

Na esteira do quanto dito antes sobre a participação na esfera democrática, também aqui a falta de informações torna extremamente difícil uma participação efetiva nos debates e ações que digam respeito à tutela do meio ambiente. Como novamente esclarece Fiorillo: "Nessa perspectiva, denotam-se presentes dois elementos fundamentais para a efetivação dessa ação em conjunto: a *informação* e a *educação ambiental*, mecanismos de atuação, numa relação de complementaridade".[59] (grifado no original).

---

(56) SILVA, José Afonso da. *Op. cit.*, p. 260.
(57) Registre-se que o direito à informação também é de suma importância para a operacionalização de outros princípios do direito ambiental, como, *v. g*, o princípio da prevenção. O conhecimento sobre eventuais danos ao meio ambiente é fundamental para que a degradação ambiental seja evitada.
(58) FIORILLO, Celso Antonio Pacheco. *Curso de direito ambiental brasileiro*. 9. ed. São Paulo: Saraiva, 2008. p. 51.
(59) *Ibidem*, p. 52.

No que diz respeito ao meio ambiente do trabalho, pano de fundo deste estudo, é importante salientar o relevo dado à participação popular de trabalhadores (empregados ou não) e de empregadores em sua tutela. Tal relevo é extraído dos arts. 10 e 11 da Constituição Federal de 1988 (CF/88), que asseguram, respectivamente, sua participação nos colegiados dos órgãos públicos em que seus interesses profissionais ou previdenciários sejam objeto de discussão e deliberação, e a eleição de um representante dos empregados com a finalidade exclusiva de promover-lhes o entendimento direto com os empregadores, nas empresas de mais de duzentos empregados. Tais dispositivos potencializam a participação social dos atores do mundo do trabalho na defesa do meio ambiente laboral.

Porém, não é qualquer informação que se presta ao exercício efetivo do direito à informação na seara ambiental. Paulo Affonso Leme Machado[60] expõe como características da informação ambiental as seguintes: *tecnicidade* (informação embasada em dados técnicos); *compreensibilidade* (contraponto à tecnicidade, coexistindo com a precisão e a completude, embora sendo didática), e *tempestividade* (para assegurar a utilidade da informação).

A regulação jurídica da informação é ampla no direito brasileiro. Em nível constitucional podem ser citados os seguintes dispositivos[61] da CF/88 que, direta ou indiretamente, guardam conexão com temas informacionais, sendo possível também sua articulação para a tutela do meio ambiente, inclusive o do trabalho: art. 5º, incs. XIV (assegura a todos o acesso à informação, resguardando o sigilo da fonte quando necessário ao exercício profissional); e XXXIII (afirma o direito de todos receberem dos órgãos públicos informações de seu interesse particular ou de interesse coletivo ou geral, ressalvados casos excepcionais); art. 7º, XXII (estatui como direito dos trabalhadores a redução dos riscos inerentes ao trabalho); art. 220 (dispõe que a manifestação do pensamento, a criação, a expressão e a informação, sob qualquer forma, processo ou veículo não sofrerão qualquer restrição, observado o disposto na Constituição); art. 225, *caput* (materializa o dever de participação da coletividade na defesa e preservação do meio ambiente, inclusive para as futuras gerações) e §1º, VI (dá ao Poder Público a incumbência de promover a educação ambiental em todos os níveis de ensino e a conscientização pública para a preservação do meio ambiente); dentre outras previsões.

---

(60) MACHADO, Paulo Affonso Leme. *Op. cit.*, p. 91 *et seq.*
(61) A lista é meramente exemplificativa. Optou-se por deixar de fora alguns dispositivos que, por via reflexa, podem suscitar debates sobre a informação, como é o caso da cláusula que estabelece a cidadania como fundamento da República Federativa do Brasil (art. 1º, II, da CF/88). Por certo que o pleno exercício da cidadania demanda cidadãos informados sobre os assuntos republicanos, como salientado na seção 1.2 quando se tratou sobre democracia.

A legislação infraconstitucional brasileira também é pródiga no trato da informação ambiental. Merecem destaque as Leis Federais n. 6.938/81, arts. 6º, § 3º; 9º, VII, X, XI e XII; e 10, § 1º (trata-se da lei que dispõe sobre a política nacional do meio ambiente); n. 9.795/99, em especial o art. 3º, V (tratando sobre a educação ambiental e, especificamente, a obrigação das empresas de promover programas destinados à capacitação dos trabalhadores, visando à melhoria e ao controle efetivo sobre o ambiente de trabalho, bem como sobre as repercussões do processo produtivo no meio ambiente); n. 8.213/91, art. 19, § 3º (regulando o Plano de Benefícios da Previdência Social Oficial, dispõe que é dever da empresa prestar informações pormenorizadas sobre os riscos da operação a executar e do produto a manipular); n. 8.080/90, art. 6º, § 3º, V[62] (regula o Sistema Único de Saúde, estabelecendo as atividades que visam à promoção da saúde do trabalhador, dentre elas a informação ao mesmo e à sua respectiva entidade sindical e às empresas sobre os riscos de acidentes de trabalho, doença profissional e do trabalho, bem como os resultados de fiscalizações, avaliações ambientais e exames de saúde, de admissão, periódicos e de demissão, respeitados os preceitos da ética profissional); e n. 10.650/03[63] (lei de suma relevância, pois dispõe sobre o acesso público aos dados e informações existentes nos órgãos e entidades integrantes do Sistema Nacional do Meio Ambiente — Sisnama).

Também em sede infraconstitucional tem-se a Consolidação das Leis do Trabalho — CLT (Decreto-Lei n. 5.452/43), diploma legal de grande importância na tutela do meio ambiente do trabalho no Brasil, contendo relevantes dispositivos sobre o direito à informação dos trabalhadores, como exemplificam os arts. 157, II; e 158, I. O primeiro estabelece que cabe às empresas instruir os empregados, mediante ordens de serviço, quanto às precauções a tomar no sentido de evitar acidentes do trabalho ou doenças

---

(62) Como informa Sebastião Geraldo de Oliveira: "No início dos anos 90, a legislação nacional enfatizou bastante o direito à informação dos empregados. Estão incluídas no campo de atuação do Sistema Único de Saúde as ações de saúde do trabalhador, especificamente abrangendo 'informações ao trabalhador e à sua respectiva entidade sindical e às empresas sobre os riscos de acidente do trabalho, doença profissional e do trabalho, bem como os resultados de fiscalizações, avaliações ambientais e exames de saúde, de admissão, periódicos e de demissão, respeitados os preceitos da ética profissional'" (OLIVEIRA, Sebastião Geraldo de. *Proteção jurídica à saúde do trabalhador.* 2. ed. São Paulo: LTr, 1998. p. 123).

(63) Em análise crítica da Lei n. 10.650/03, Paulo Affonso Leme Machado aponta que: "A Lei n. 10.650/03 tem seus méritos, mas não se pode deixar de afirmar que se tornou insuficiente, diante da velocidade e da intensidade dos fatos poluidores dos ecossistemas. Precisamos de uma reforma dessa legislação ou, mesmo, de uma antecipação voluntária dos órgãos do SISNAMA, propiciando que a Administração Pública Ambiental ininterruptamente bata à porta das cidadãs e dos cidadãos informando--os, via Internet, do estado do meio ambiente. Sem isso a informação se tornará uma partitura chorosa e resignada, a ser executada diante de degradações irreversíveis" (MACHADO, Paulo Affonso Leme. *Direito à informação e meio ambiente.* São Paulo: Malheiros, 2006. p. 209)

ocupacionais; e o segundo dispõe que cabe aos empregados observar as normas de segurança e medicina do trabalho, inclusive as instruções repassadas pelo empregador. Outros trechos da CLT podem ser lembrados, como o art. 200, VIII, estatuindo que as medidas de resguardo do meio ambiente laboral versarão também sobre o emprego das cores nos locais de trabalho, inclusive nas sinalizações de perigo, tendo o intuito de tornar as informações mais acessíveis àqueles que estão em contato mais direto com o meio ambiente do trabalho. Comentando o art. 157 da CLT, Fábio Fernandes ressalta o fato de que sua efetivação demanda informação:

> Isso envolve, por óbvio, educação e informação ambiental, pois demandará ao empregado o conhecimento das rotinas de trabalho e ordens de serviços com o objetivo de prevenir a prática de ato inseguro, bem como de posturas a adotar para uma melhor proteção contra os riscos de acidentes do trabalho e doenças profissionais e das providências a serem tomadas na ocorrência destes.[64]

Ao lado da CLT existem as Normas Regulamentadoras (NRs) editadas pelo Ministério do Trabalho e Emprego, com base nos arts. 155 e 200 da CLT. A respeito das NRs, não se pode deixar de notar que também trazem importantes especificações sobre o direito à informação no meio ambiente do trabalho, regulando o funcionamento das Comissões Internas de Prevenção de Acidentes (CIPAs), do Programa de Prevenção de Riscos Ambientais (PPRA), do Programa de Controle Médico de Saúde Ocupacional (PCMSO), dentre outros instrumentos de preservação do meio ambiente laboral.

Por fim, destacam-se algumas convenções da Organização Internacional do Trabalho (OIT) em vigor no Brasil e que abordam o direito à informação dos trabalhadores no meio ambiente do trabalho. São elas: Convenções n. 148 (versa sobre a contaminação do Ar, Ruído e Vibrações); n. 155 (estabelece normas e princípios a respeito de segurança e saúde dos trabalhadores e o meio ambiente do trabalho); n. 161 (refere-se aos Serviços de Saúde do Trabalho); e n. 170 (prevê a necessidade de identificação de produtos químicos e trata sobre informações a respeito de produtos perigosos). Aqui, mais uma vez, tem-se um rol meramente exemplificativo.

---

(64) FERNANDES, Fábio. *Meio ambiente geral e meio ambiente do trabalho:* uma visão sistêmica. São Paulo: LTr, 2009. p. 88.

De acordo com os apontamentos acima, fica clara, no ordenamento jurídico brasileiro, a consagração do direito à informação enquanto instrumento de tutela do meio ambiente, neste incluído o meio ambiente do trabalho. No entanto, como denunciam os versos imortais de Drummond "As leis não bastam. Os lírios não nascem da lei"[65], impondo-se como desafio tanto ao Poder Público quanto à coletividade a efetivação desse direito.

Dessa forma, cabe agora partir em busca de meios que proporcionem a efetivação do direito à informação no meio ambiente do trabalho, já amplamente previsto na legislação pátria. Em tal tarefa, é necessário, antes de mais nada, ampliar o horizonte informacional estabelecido, de modo a libertar o intelecto dos grilhões representados pelo pensamento mecanicista-analítico dominante, deixando livre todo seu potencial criativo e compreensivo. Para tanto, utilizar-se-ão as contribuições trazidas pelo pensamento sistêmico, pela teoria da complexidade e pelo estudo da noção de "risco", temas enfrentados no Capítulo 2.

---

(65) ANDRADE, Carlos Drummond de. Nosso tempo (Poema). In: _____. *Antologia poética*. 58. ed. Rio de Janeiro: Record, 2006. p. 160.

Capítulo 2

A Ampliação do Horizonte Informacional: As Teorias Sistêmica, da Complexidade e da Sociedade de Riscos

As considerações trazidas neste capítulo representam as bases teóricas para a construção de um alargamento do horizonte informacional estabelecido sobre os alicerces da ciência tradicional, possibilitando sua renovação epistemológica. Nesta ambiciosa tarefa, inicialmente é apresentado o pensamento sistêmico em seus contornos gerais, contrapondo-o aos métodos científicos clássicos embasados na filosofia mecanicista cartesiana (seção 2.1). A seguir, são tecidos comentários sobre a teoria da complexidade a partir da construção teórica de Edgar Morin, perquirindo-se a configuração de uma específica complexidade ambiental tal como descrita por Enrique Leff (seção 2.2). Na última seção, contando-se com os aportes teóricos das anteriores, é enfocada a temática dos riscos — em especial dos riscos ambientais — e suas características nas sociedades industriais desenvolvidas (seção 2.3).

2.1. O ADVENTO DO PENSAMENTO SISTÊMICO

Conforme ficou assentado no Capítulo 1, o direito à informação ambiental, especialmente em relação ao meio ambiente do trabalho, é uma realidade no ordenamento jurídico brasileiro. A partir desta constatação, busca-se efetivar tal direito fazendo com que salte da letra da lei à vivência quotidiana dos indivíduos, possibilitando uma proteção mais ampla e eficaz aos bens ambientais.

Há muitos meios de se efetivar o direito à informação, o que ocorre também na seara ambiental. Dentre outros modos, é possível buscar-se um alargamento do horizonte informacional estabelecido — calcado em bases mecânico-analíticas — tanto de emissores quanto de receptores de informações. Dessa forma, almeja-se manter a percepção humana aberta ao conhecimento de um mundo caleidoscópico, forjado também pelo próprio ato de conhecer e constituído de elementos intimamente relacionados entre si, avessos a categorias dogmáticas estanques e enumerações taxativas.

Esta ampliação do horizonte informacional não é tarefa simples e tampouco modesta. Sua completa realização demandaria um estudo aprofundado de vários ramos do conhecimento humano ligados, *v. g.*, aos processos cognitivos, às estruturas neurológicas dos indivíduos, às instituições sociais e suas influências na construção do imaginário comum, etc. Ainda assim, seria questionável afirmar-se como acabada uma tarefa relativa ao alargamento de um dado horizonte, sendo que este traz implícita a ideia do infinito.

Tendo estas considerações em vista, o que se pretende aqui é tão só apontar algumas ferramentas úteis nesta empreitada de elasticimento dos limites do âmbito de abrangência informacional. Tais ferramentas são o pensamento sistêmico, a teoria da complexidade e a noção de "risco". Aqui cabe uma advertência: sistemas, complexidade e riscos, antes de conduzirem a respostas, levam à problematização e a novos questionamentos, o que ocorre também no campo das informações ambientais. Esta seção é destinada à abordagem do pensamento sistêmico, sendo que a teoria da complexidade e a noção de "risco" serão abordadas nas seções seguintes deste capítulo.

Para um estudo mais abrangente sobre o pensamento sistêmico é esclarecedor contrastá-lo com aquele que pode ser tido como seu oposto, o paradigma mecanicista. Assim, possibilita-se uma melhor compreensão daquele, indagando-se quais os motivos que levaram ao seu surgimento enquanto procedimento científico.

A análise do pensamento mecanicista remonta ao ideário iluminista que encontrou seu ápice no final do século XVIII. O Iluminismo pode ser entendido como o apogeu de um movimento cultural de valorização da razão, cujas raízes remontam ao Renascimento. Em seus desdobramentos, a ideologia iluminista passou a representar os valores burgueses na luta contra o poder absolutista e suas instituições no antigo regime medieval.

Com o culto da racionalidade como elemento indispensável à compreensão dos fenômenos naturais e sociais, a ideologia iluminista ganhou expressão na filosofia e na economia. Nesta, notabilizaram-se as escolas econômicas da fisiocracia (acreditando ser a natureza a única fonte de riqueza) e do liberalismo (defendendo a liberdade econômica do setor privado, livre de ingerências estatais).

Na filosofia houve a sublimação da razão. Apesar de serem deístas, os filósofos do Iluminismo condenavam a instituição da Igreja pela rigidez de costumes e sua corrupção. Acreditavam nas leis da natureza enquanto reguladoras das relações entre os homens. O ser humano seria intrinsecamente bom, sendo que as desigualdades entre os indivíduos seriam ocasionadas pela sociedade. Para reverter tal quadro, apregoavam a mudança social mediante a consagração da liberdade de expressão e de culto, bem como do fim de injustiças e opressões. Dentre os filósofos iluministas ergueram-se figuras do porte de Montesquieu, Voltaire, Rousseau, Diderot e D'Alembert.

Por meio de discussões que grassaram pelos salões literários, clubes e cafés das sociedades ocidentais da época, a razão passou a gozar de um prestígio desmedido no conhecimento do mundo e, após, já no século XVIII, no entendimento do próprio ser humano.

Importa destacar aqui a contribuição científica de René Descartes (1596--1650) que, um século antes do apogeu do Iluminismo, já havia lançado as bases do pensamento racionalista. O estudo da obra de Descartes é relevante na medida em que a dogmática mecanicista lhe deve muito de sua força. Uma importante síntese do pensamento cartesiano pode ser encontrada no livro *Discurso do Método*, publicado em 1637 e tido como um verdadeiro prefácio à obra do filósofo francês. É nesse livro que Descartes expõe os célebres princípios de sua filosofia, assim enunciados:

> O primeiro era de nunca aceitar coisa alguma como verdadeira sem que a conhecesse evidentemente como tal; ou seja, evitar cuidadosamente a precipitação e a prevenção, e não incluir em meus juízos nada além daquilo que se apresentasse tão clara e

distintamente a meu espírito, que eu não tivesse nenhuma ocasião de pô-lo em dúvida. O segundo, dividir cada uma das dificuldades que examinasse em tantas parcelas quantas fosse possível e necessário para melhor resolvê-las. O terceiro, conduzir por ordem meus pensamentos, começando pelos objetos mais simples e mais fáceis de conhecer, para subir pouco a pouco, como por degraus, até o conhecimento dos mais compostos; e supondo certa ordem mesmo entre aqueles que não se precedem naturalmente uns aos outros. E, o último, fazer em tudo enumerações tão completas, e revisões tão gerais, que eu tivesse certeza de nada omitir.[66]

Destes princípios, destaca-se a busca por uma verdade incontestável, discernível por meio de uma dúvida[67] constante na atitude científica (primeiro princípio). Também se verifica a emergência do método analítico, em que a pesquisa se baseia na divisão, tendo por objetivo a análise do tema pesquisado em uma dimensão individualizada, dissociada de seu contexto (segundo princípio).

Esta construção filosófica, feita em moldes autobiográficos por Descartes, contribuiu para a consolidação de dogmas poderosos no pensamento científico. A incerteza foi marginalizada, sendo relegada aos domínios do erro em virtude do princípio da dúvida metódica: onde houver dúvida, está afastada a verdade. O princípio da divisão contribuiu para a quebra da unidade do mundo oriunda da filosofia da antiguidade clássica. O universo do ser foi dissociado do universo do pensar pelo célebre aforismo "penso, logo existo", pois, uma vez estabelecida a dúvida infinita, inclusive sobre a existência dos corpos (mundo do ser), essa dúvida já seria um indicativo de que aquele que duvida existe — ao menos em alma (mundo do pensar) —, e pode existir mesmo na ausência dos corpos. Com a cisão entre alma e corpo foram lançadas as bases para a coisificação do mundo e a completa separação entre sujeito cognoscente e objeto cognoscível.

Pelos delírios da febre racionalista, os corpos foram comparados a máquinas cujos padrões de funcionamento poderiam ser esquadrinhados e apreendidos pela razão. É famosa a passagem em que Descartes compara o funcionamento do coração humano ao de um relógio.[68] No que diz respeito

---

(66) DESCARTES, René. *Discurso do método*. 3. ed. Trad. Maria Ermantina de Almeida Prado Galvão. São Paulo: Martins Fontes, 2007. p. 33-35.
(67) Trata-se aqui da chamada "dúvida metódica" que embasa a filosofia de Descartes.
(68) O trecho em que ocorre a comparação é o seguinte: "De resto, a fim de que os que não conhecem a força das demonstrações matemáticas, e não estão acostumados a distinguir as razões verdadeiras das verossímeis, não se aventurem a negar isto sem exame, quero adverti-los de que este movimento que acabo de explicar resulta tão necessariamente da simples disposição dos órgãos que podem ser

ao meio ambiente, a filosofia cartesiana, por meio de seus postulados, plantou a semente da visão que coloca o homem como o senhor da natureza, que tantos prejuízos tem trazido à preservação ambiental. Comentando sobre as virtudes dos conhecimentos de que dispunha, Descartes afirma:

> [...] me mostraram que é possível chegar a conhecimentos muito úteis à vida, e que, ao invés dessa filosofia especulativa ensinada nas escolas, pode-se encontrar uma filosofia prática, mediante a qual, conhecendo a força e as ações do fogo, da água, do ar, dos astros, dos céus e de todos os outros corpos que nos rodeiam, tão distintamente como conhecemos os diversos ofícios de nossos artesãos, poderíamos empregá-las do mesmo modo em todos os usos a que são adequadas e assim nos tornarmos como que senhores e possessores da natureza.[69]

As bases do pensamento mecanicista cartesiano acabaram por influenciar diversos ramos do conhecimento. Difundiu-se a ideia de que as leis biológicas podem ser reconduzidas às leis físicas e químicas. O desenvolvimento de algumas tecnologias, como o microscópio, permitiu um incremento dos estudos celulares, possibilitando aos cientistas divisões cada vez mais profundas do mundo empírico.

No entanto, o próprio estudo da biologia começou a pôr em xeque os dogmas mecanicistas. As pesquisas referentes ao desenvolvimento e à diferenciação celular apontaram a impossibilidade de explicações mecânicas da dinâmica de crescimento das células dos organismos, em especial pelo fato de células idênticas originarem tecidos diversos. Do mesmo modo, os desdobramentos da física quântica vieram descortinar a vastidão do universo subatômico, destruindo a ideia do átomo como a partícula base do universo. As partículas subatômicas demonstraram não serem "coisas", mas sim interconexões de coisas, atuando no nível das probabilidades e inexistindo isoladamente, conforme ensina Fritjof Capra.[70]

Sob o influxo destes vigorosos questionamentos empíricos, vindos de campos científicos de grande prestígio como a biologia e a física, as pesquisas em diversas áreas passaram a demonstrar interesse pelo contexto dos objetos em estudo. O método analítico, baseado na busca de uma verdade

---

vistos a olho nu no coração, e do calor que pode ser sentido com os dedos, e da natureza do sangue que pode ser conhecida por experiência, quanto o movimento do relógio resulta da força, da situação e da configuração de seus contrapesos e rodas" (DESCARTES, René. *Op. cit.*, p. 85).
(69) *Ibidem*, p. 103-104.
(70) CAPRA, Fritjof. *A teia da vida*: uma nova compreensão científica dos sistemas vivos. Trad. Newton Roberval Eichemberg. São Paulo: Cultrix, 2006. p. 41.

inquebrantável e no princípio da divisão, começou a dar patentes mostras de insuficiência. Precisamente desta época — início do século XX — datam algumas das primeiras reflexões sobre o moderno pensamento sistêmico. Este se caracterizou, desde cedo, pelo primado de uma compreensão contextual do objeto em foco. São importantes os registros de Capra sobre esta primeira etapa do pensamento sistêmico:

> O bioquímico Lawrence Henderson foi influente no seu uso pioneiro do termo "sistema" para denotar tanto organismos vivos como sistemas sociais. Dessa época em diante, um sistema passou a significar um todo integrado cujas propriedades essenciais surgem das relações entre suas partes, e "pensamento sistêmico", a compreensão de um fenômeno dentro do contexto de um todo maior. Esse é, de fato, o significado raiz da palavra "sistema", que deriva do grego *synhistanai* ("colocar junto"). Entender as coisas sistematicamente significa, literalmente, colocá-las dentro de um contexto, estabelecer a natureza das suas relações.[71] (grifado no original)

Os elementos estudados não existem e, portanto, não podem ser estudados satisfatoriamente se isolados de seu entorno. Sofrem influências do meio em que se encontram, assim como a sua própria existência influencia o ambiente no qual estão inseridos. As análises reducionistas do pensamento mecanicista cartesiano, calcadas em divisões e isolamentos artificiais, não dão conta da nova "teia" formada pelas relações dos elementos que compõem o universo, desde o nível subatômico até o cosmos; sempre à espera de novas fronteiras ainda não atingidas pelo intelecto humano.

É justamente para superar tais deficiências do método analítico que se desenvolve o pensamento sistêmico. As explicações científicas baseadas em causalidades lineares perfeitamente determináveis claudicam em meio aos labirintos representados pelas infinitas redes de conexão do mundo sistêmico. Pode-se dizer, como o fez Ludwig von Bertalanffy, que o problema abordado pela teoria dos sistemas diz respeito às limitações do procedimento analítico na ciência:

> O problema do sistema é essencialmente o problema das limitações dos procedimentos analíticos em ciência. Este costumava ser expressado por expressões semimetafísicas, como evolução emergente ou "o todo é mais do que uma soma de suas partes",

---

(71) *Ibidem*, p. 39.

mas tem um claro significado operacional. "Procedimento analítico" significa que uma entidade investigada se resolve em, e por esta razão pode ser constituída ou reconstituída a partir de, as partes colocadas juntas, estes procedimentos sendo entendidos ambos em seu sentido material e conceitual. Este é o princípio básico da ciência "clássica", que pode ser circunscrito em diferentes maneiras: resolução em sequências causais isoláveis, procurando por unidades "atômicas" nos vários campos da ciência, etc.[72]

O pensamento sistêmico trabalha com a ideia de que o todo apresenta propriedades não encontradas nas partes que o integram, características que emergem graças às interações e relações entre seus componentes (daí a expressão "propriedades emergentes"). O sistema é avesso às divisões analíticas provindas do método cartesiano, sendo que o comportamento do todo não pode ser entendido totalmente com a observância do comportamento de suas partes isoladas. Sintetizando estas observações a respeito do pensamento sistêmico, são relevantes as didáticas palavras de Capra:

> De acordo com a visão sistêmica, as propriedades essenciais de um organismo, ou sistema vivo, são propriedades do todo, que nenhuma das partes possui. Elas surgem das interações e das relações entre as partes. Essas propriedades são destruídas quando o sistema é dissecado, física ou teoricamente, em elementos isolados. Embora possamos discernir partes individuais em qualquer sistema, essas partes não são isoladas, e a natureza do todo é sempre diferente da mera soma de suas partes. [...] A crença segundo a qual em todo sistema complexo o comportamento do todo pode ser entendido inteiramente a partir das propriedades de suas partes é fundamental no paradigma cartesiano. [...] O grande impacto que adveio com a ciência do século XX foi a percepção de que os sistemas não podem ser entendidos pela análise. As propriedades das partes não são propriedades intrínsecas, mas só podem ser entendidas dentro do contexto do todo mais amplo.[73]

---

(72) BERTALANFFY, Ludwig von. *General system theory*. New York: George Braziller, 1968. p. 18 (tradução livre). Conforme consta no original: "The system problem is essentially the problem of the limitations of analytical procedures in science. This used to be expressed by half-metaphysical statements, such as emergent evolution or 'the whole is more than a sum of its parts', but has a clear operational meaning. 'Analytical procedure' means that an entity investigated be resolved into, and hence can be constituted or reconstituted from, the parts put together, these procedures being understood both in their material and conceptual sense. This is the basic principle of 'classical' science, which can be circumscribed in different ways: resolution into isolable causal trains, seeking for 'atomic' units in the various fields of science, etc.".
(73) CAPRA, Fritjof. *Op. cit.*, p. 40-41, *passim*.

Estas observações levam a concluir que a concepção sistêmica vem substituir o antigo método analítico, este podendo ser considerado um paradigma[74] da ciência clássica. Engendra-se uma verdadeira revolução científica em moldes semelhantes àqueles descritos por Thomas Kuhn, para quem "[...] a discussão precedente indicou que consideramos revoluções científicas aqueles episódios de desenvolvimento não cumulativo, nos quais um paradigma mais antigo é total ou parcialmente substituído por um novo, incompatível com o anterior".[75] Embora mereça ressalva o caráter "não cumulativo" da definição de Kuhn em razão da continuidade do conhecimento humano, o certo é que há um conflito deflagrado entre os métodos analítico e sistêmico.

Em que pese a ampla aplicação do pensamento sistêmico em áreas como ciência da computação, engenharia e campos afins, ele não é somente uma tendência tecnológica. Trata-se de uma mudança de foco da ciência, em que não há a destruição da noção de parte, mas se lhe agregam considerações sobre suas inter-relações com outras partes que acabam por constituir um todo com características próprias, oriundas dessas relações. Nas palavras de Bertalanffy, isto implica uma verdadeira "reorientação no pensamento científico".[76]

Ao contrário do pensamento analítico, que busca a simplificação e o isolamento do objeto de estudo, a análise sistêmica desvela a existência de uma complexidade crescente nos diversos fenômenos abordados. O feixe de luz sistêmico ilumina todas as arestas relegadas à escuridão pelo procedimento analítico, descortinando conexões antes não alcançadas (ou escamoteadas) pela percepção científica.

Neste contexto de valorização da ótica sistêmica tentou-se, inclusive, a formulação de uma *teoria geral dos sistemas*, com a construção de conceitos e noções que seriam válidos para todos os sistemas em geral, independentemente da natureza de seus componentes e das relações entre eles. A menção à teoria geral dos sistemas traz em si um valor histórico importante, contribuindo para a legitimação e a fundamentação teórica deste

---

(74) Adota-se a noção de paradigma trazida por Thomas Kuhn que, ligando a ideia de paradigma à "ciência normal" (estabelecida), confere tal denominação às realizações científicas que partilham de duas características principais: a) suficiente ineditismo para atrair um grupo duradouro de sectários, afastando-os de atividades científicas diferentes; e b) abertura que possibilita ao novo grupo de praticantes da ciência a resolução de uma vasta gama de problemas. A descrição é encontrada em KUHN, Thomas S. *A estrutura das revoluções científicas*. Trad. Beatriz Vianna Boeira e Nelson Boeira. São Paulo: Perspectiva, 2007. p. 30.
(75) KUHN, Thomas S. *Op. cit.*, p. 125.
(76) BERTALANFFY, Ludwig von. *Op. cit.*, p. 5.

novo método científico. Em relação a uma teorização sistêmica de cunho geral, é digno de nota o trabalho de Ludwig von Bertalanffy, em especial sua célebre obra *Teoria Geral dos Sistemas*, aqui já citada. Ao comentar os propósitos da teoria geral dos sistemas, Bertalanffy esclarece seus significados:

> Estas considerações conduzem ao postulado de uma disciplina científica nova que nós chamamos teoria geral dos sistemas. Seu objeto é formulação de princípios que são válidos para "sistemas" em geral, independentemente da natureza de seus elementos componentes e das relações ou "forças" entre eles.
>
> Teoria geral dos sistemas, portanto, é uma ciência geral de "totalidade" que até agora foi considerada um conceito vago, nebuloso, e semimetafísico. Em forma elaborada ela poderia ser uma disciplina lógico-matemática, em si mesma puramente formal mas aplicada às várias ciências empíricas. Para ciências preocupadas com "todos organizados", ela pode ser de importância similar àquela que a teoria da probabilidade teve para ciências preocupadas com "eventos possíveis"; por último, também, é uma disciplina matemática formal que pode ser aplicada aos mais diversos campos, como termodinâmica, experimentação biológica e médica, genética, estatísticas de seguro de vida, etc.[77]

Com uma teoria assim geral, seria possível também uma maior eficácia na transferência de conhecimentos e princípios entre diferentes campos de estudo. Dessa forma, evitar-se-iam pesquisas desnecessárias para a descoberta dos mesmos princípios em diferentes áreas do saber, como lembra Bertalanffy.[78]

O desenvolvimento científico da teoria dos sistemas, auxiliado pela tentativa de construção de uma teoria geral, proporcionou a elaboração de importantes conceitos operacionalizadores da teoria sistêmica. São de grande

---

[77] *Ibidem*, p. 37 (tradução livre). Conforme consta no original: "These considerations lead to the postulate of a new scientific discipline which we call general system theory. Its subject matter is formulation of principles that are valid for 'systems' in general, whatever the nature of their component elements and the relations or 'forces' between them. General system theory, therefore, is a general science of 'wholeness' which up till now was considered a vague, hazy, and semimetaphysical concept. In elaborate form it would be a logico-mathematical discipline, in itself purely formal but applicable to the various empirical sciences. For sciences concerned with 'organized wholes', it would be of similar significance to that which probability theory has for sciences concerned with 'chance events'; the latter, too, is a formal mathematical discipline which can be applied to most diverse fields, such as thermodynamics, biological and medical experimentation, genetics, life insurance statistics, etc.".
[78] *Ibidem*, p. 80.

importância, por exemplo, as noções de sistemas abertos e fechados, ajudando a uma melhor compreensão de fenômenos físicos, biológicos, ecológicos, etc. De acordo com a definição de Bertalanffy: "Um sistema aberto é definido como um sistema em troca de matéria com seu ambiente, apresentando importação e exportação, aumento e diminuição de seus componentes materiais".[79] Os sistemas fechados, ao contrário, seriam aqueles em que não haveria trocas de matéria com o meio ambiente. Estas definições, assim como outras, facilitaram o trato das questões sistêmicas, mesmo se tendo em conta as procedentes críticas proferidas pela teoria da complexidade no sentido de que os sistemas são fechados e abertos ao mesmo tempo, o que será analisado na seção 2.2.

Sem detrimento destas considerações, ganham ênfase na compreensão sistêmica as noções de inter-relação e de totalidade. Os elementos que compõem um sistema estão inter-relacionados de diferentes maneiras e, em virtude disso, constituem uma totalidade com características próprias, que emergem das interrelações mencionadas, de acordo com o afirmado acima.

No entanto, as noções de totalidade e de inter-relação não esgotam os traços característicos de um sistema. É preciso agregar-lhes a ideia de organização. Dando destaque para o aspecto organizacional na concepção sistêmica, citam-se as palavras de Edgar Morin:

> A organização, conceito ausente na maioria das definições do sistema, estava até agora como que sufocada entre a ideia de totalidade e a ideia de inter-relações, sendo que ela liga a ideia de totalidade à de interrelações, tornando as três noções indissociáveis. A partir daí, pode-se conceber o sistema como *unidade global organizada de inter-relações entre elementos, ações ou indivíduos.*[80] (grifado no original)

A título de síntese, e em conformidade com as definições sobre teoria

---

(79) *Ibidem*, p. 141 (tradução livre). Conforme consta no original: "An open system is defined as a system in exchange of matter with its environment, presenting import and export, building-up and breaking-down of its material components".

(80) MORIN, Edgar. *O método 1:* a natureza da natureza. 2. ed. Trad. Ilana Heineberg. Porto Alegre: Sulina, 2005. p. 132. Na mesma obra, o autor constrói um conceito de organização, que se transcreve aqui para uma melhor compreensão de seu pensamento: "O que é a organização? Primeira definição: a organização é o encadeamento de relações entre componentes ou indivíduos que produz uma unidade complexa ou sistema, dotada de qualidades desconhecidas quanto aos componentes ou indivíduos. A organização liga de maneira inter-relacional os elementos ou acontecimentos ou indivíduos diversos que desde então se tornam os componentes de um todo. Ela assegura solidariedade e solidez relativa a estas ligações, assegurando então ao sistema uma certa possibilidade de duração apesar das perturbações aleatórias. A organização, portanto: transforma, produz, religa, mantém" (p. 133).

sistêmica apresentadas acima, podem ser apontados alguns critérios fundamentais do pensamento sistêmico. Segundo Capra[81], um desses critérios é a mudança de foco das partes para o todo, compreendendo-se que a totalidade formada pelo sistema apresenta propriedades que são características do todo, não podendo ser reduzidas às propriedades das partes menores.

Ainda conforme o mesmo autor, existem diversos níveis sistêmicos, com a possibilidade da ocorrência de sistemas dentro de sistemas, com variados graus de complexidade.[82] Este fato demonstra a importância do elemento subjetivo na análise sistêmica, pois, em certa medida, a percepção de sistemas "maiores" ou "menores", menos ou mais abrangentes, depende da ação do observador, trazendo a necessidade de um estudo epistemológico[83] na descrição dos fenômenos sistêmicos. Com isso, o sujeito cognoscente, esta figura banida da ciência clássica e estigmatizada com a pecha de instável, emocional e não científico, é convidado a partilhar novamente da construção das bases do pensamento científico.

Traçado este panorama geral sobre o pensamento sistêmico, não é difícil perceber suas potencialidades de aplicação na seara ambiental. A partir do momento em que a teoria sistêmica desvela a existência de um mundo cujos elementos estão interconectados em diferentes âmbitos, passa-se a considerar as implicações que as ações de seus diversos componentes têm sobre os demais, localizados em seu entorno (meio ambiente).

Há a formação de sistemas complexos que, por sua vez, ligam-se a outras redes sistêmicas formando sistemas de sistemas, em um movimento infinito de complexificação. O ambiente externo à unidade sistêmica passa a ser destinatário de grande atenção, pois participa dos processos de troca de matéria e energia com seu interior por meio de suas fronteiras.

Os problemas suscitados pela diferenciação entre sistema e ambiente são tidos como o ponto de partida para as análises teóricas sistêmicas. De acordo com as definições sobre teoria dos sistemas trazidas por Niklas Luhmann nos comentários iniciais à sua análise dos sistemas sociais:

> Há concordância dentro da disciplina hoje que o ponto de partida para todas as análises teórico-sistêmicas deve ser a *diferença entre sistema e ambiente*. Sistemas são orientados por seu ambiente

---
(81) CAPRA, Fritjof. *Op. cit.*, p. 46.
(82) *Ibidem*, p. 46.
(83) Aqui se entende epistemologia como a ciência que tem por objeto de análise o próprio conhecimento e seus processos de construção.

não só ocasionalmente e adaptativamente, mas estruturalmente, e eles não podem existir sem um ambiente. Eles constituem e mantêm a si mesmos criando e mantendo uma diferença de seu ambiente, e eles usam suas fronteiras para regular esta diferença. Sem diferença de um ambiente, não haveria mesmo autorreferência, porque diferença é a premissa funcional de operações autorreferenciais. Neste sentido manutenção da *fronteira* é manutenção do sistema.[84] (grifado no original)

Com todo este relevo dado ao ambiente, a teoria sistêmica leva à reflexão sobre as consequências das ações dos organismos sobre o meio circundante. Os componentes orgânicos passam a ser pensados enquanto inseridos em sistemas maiores, cujas condições influenciam e são influen-ciadas pela atividade organísmica. Ganha adeptos a concepção dos seres vivos como sistemas abertos, transpassados por fluxos energéticos e materiais. O próprio ser humano vê-se mergulhado nas tramas da teia da vida, às quais antes apenas considerava desde a ótica de um observador distante.

Estas reflexões abrem caminho para o surgimento de um movimento ambientalista denominado "ecologia profunda" (*deep ecology*), que considera o ser humano e todos os outros elementos do mundo como igualmente pertencentes à natureza, ligados e dependentes uns dos outros. Essa nova visão ecológica se contrapõe à denominada "ecologia rasa" (*shallow ecology*), assentada em uma visão antropocêntrica que coloca o homem em uma posição superior à natureza, fazendo desta apenas um bem instrumental à vivência dos seres humanos. Sobre a distinção entre ecologia profunda e ecologia rasa, são elucidativas as palavras de Capra:

> O sentido em que eu uso o termo "ecológico" está associado com uma escola filosófica específica e, além disso, com um movimento popular global conhecido como "ecologia profunda", que está, rapidamente, adquirindo proeminência. A escola filosófica foi fundada pelo filósofo norueguês Arne Naess, no início da década de 70, com sua distinção entre "ecologia rasa" e "ecologia

---

(84) LUHMANN, Niklas. *Social systems*. Translated by John Bednarz, Jr., with Dirk Baecker. Stanford: Stanford University, 1995. p. 16-17 (tradução livre). Conforme consta no original: *"There is agreement within the discipline today that the point of departure for all systems-theoretical analysis must be the difference between system and environment. Systems are oriented by their environment not just occasionally and adaptively, but structurally, and they cannot exist without an environment. They constitute and maintain themselves by creating and maintaining a difference from their environment, and they use their boundaries to regulate this difference. Without difference from an environment, there would not even be self-reference, because difference is the functional premise of self-referential operations. In this sense boundary maintenance is system maintenance".*

profunda". Esta distinção é hoje amplamente aceita como um termo muito útil para se referir a uma das principais divisões dentro do pensamento ambientalista contemporâneo.

A ecologia rasa é antropocêntrica, ou centralizada no ser humano. Ela vê os seres humanos como situados acima ou fora da natureza, como a fonte de todos os valores, e atribui apenas um valor instrumental, ou de "uso", à natureza. A ecologia profunda não separa seres humanos — ou qualquer outra coisa — do meio ambiente natural. Ela vê o mundo não como uma coleção de objetos isolados, mas como uma rede de fenômenos que estão fundamentalmente interconectados e são interdependentes. A ecologia profunda reconhece o valor intrínseco de todos os seres vivos e concebe os seres humanos apenas como um fio particular na teia da vida.[85]

A ecologia profunda tem o mérito de resgatar a dimensão natural de todos os componentes do mundo, colocando em evidência suas relações e interdependências. Sem prejuízo de suas virtudes, esta faceta do movimento ecológico traz consigo o perigo da eliminação de fatores diferenciadores entre homem e natureza como, por exemplo, a dimensão cultural; correndo-se o risco de diluir a existência humana em um angustiante determinismo biológico.[86]

Tendo em mira esta ressalva, o pensamento sistêmico que embasa movimentos como a ecologia profunda traz importantes contribuições aos debates sobre a informação ambiental. A partir da adoção de uma visão ecológica sistêmica, não serão mais suficientes informações isoladas e descontextualizadas sobre o meio ambiente. No que concerne ao ambiente laboral, sua proteção deverá ser feita considerando a interconexão com seu ambiente exterior (o bairro, a cidade, o rio, a lavoura, a sociedade, o lar do trabalhador, o sistema de previdência social que concede benefícios nos casos de acidentes do trabalho, etc.).

A informação ambiental deverá ser produzida e difundida levando-se em conta as redes existentes na natureza, na economia, na política, e em todos os demais segmentos da existência humana e não humana. É

---

(85) CAPRA, Fritjof. *Op. cit.*, p. 25-26.
(86) Uma importante análise crítica sobre o paradigma da ecologia profunda, incluindo seus potenciais e suas deficiências, bem como de seu contraponto, o pensamento mecanicista cartesiano, é feita por François Ost (OST, François. *A natureza à margem da lei:* a ecologia à prova do direito. Trad. Joana Chaves. Lisboa: Instituto Piaget, 1997).

precisamente nas redes sistêmicas que o agir dos indivíduos junta-se à atuação dos demais elementos do universo, formando-se uma cadeia ilimitada de interações reais e potenciais.

Indo mais longe nesta fascinante imbricação entre teoria sistêmica e informação, é possível afirmar, na esteira do pensamento de Manuel Castells, que as tecnologias e fluxos da informação impulsionam a constituição de uma nova morfologia das sociedades, criando a denominada sociedade em rede. A respeito deste novo paradigma social, ensina Castells que:

> Nosso estudo sobre as estruturas sociais emergentes nos domínios da atividade e experiência humana leva a uma conclusão abrangente: como tendência histórica, as funções e os processos dominantes na era da informação estão cada vez mais organizados em torno de redes. Redes constituem a nova morfologia social de nossas sociedades e a difusão da lógica de redes modifica de forma substancial a operação e os resultados dos processos produtivos e de experiência, poder e cultura. Embora a forma de organização social em redes tenha existido em outros tempos e espaços, o novo paradigma da tecnologia da informação fornece a base material para sua expansão penetrante em toda a estrutura social. Além disso, eu afirmaria que essa lógica de redes gera uma determinação social em nível mais alto que a dos interesses sociais específicos expressos por meio das redes: o poder dos fluxos é mais importante que os fluxos do poder. A presença na rede ou a ausência dela e a dinâmica de cada rede em relação às outras são fontes cruciais de dominação e transformação de nossa sociedade: uma sociedade que, portanto, podemos apropriadamente chamar de sociedade em rede, caracterizada pela primazia da morfologia social sobre a ação social.[87]

Registre-se que a visão sistêmica do meio ambiente, que tantas influências traz para a temática informacional, não representa um mero devaneio científico. Esta nova concepção tem embasado atitudes concretas no que diz respeito à preservação ambiental. Como exemplo, cite-se a Lei Federal brasileira n. 9.795/99, que dispõe sobre a educação ambiental e a Política Nacional de Educação Ambiental no Brasil, temas intimamente ligados com a informação ambiental. Em seu art. 4º, a referida lei estabelece

---

(87) CASTELLS, Manuel. *A era da informação:* economia, sociedade e cultura. v 1: A sociedade em rede. Trad. Roneide Venâncio Majer. 11. ed. São Paulo: Paz e Terra, 1999. p. 565.

os princípios básicos da educação ambiental, que são, dentre outros: I) o enfoque humanista, holístico, democrático e participativo; II) a concepção do meio ambiente em sua totalidade, considerando a interdependência entre o meio natural, o socioeconômico e o cultural, sob o enfoque da sustentabilidade; III) o pluralismo de ideias e concepções pedagógicas, na perspectiva da inter, multi e transdisciplinaridade; VI) a abordagem articulada das questões ambientais locais, regionais, nacionais e globais.

A ligação destes princípios com o pensamento sistêmico apresenta-se manifesta mediante expressões como "holístico", "meio ambiente em sua totalidade", "interdependência", "transdisciplinaridade", etc. Percebe-se que a visão sistêmica está na base da política brasileira sobre a educação ambiental, sendo dever não só do Poder Público estar atento a este novo paradigma, mas também de toda a coletividade que, pela criação e difusão de informações ambientais, participa do processo educativo sobre o meio ambiente.

Desta maneira, são traçados os contornos de um verdadeiro Estado constitucional ecológico, calcado em uma visão integrativa do ambiente. Por meio dessa visão integrativa, a tutela ambiental não se reduz a objetos isolados e escolhidos aleatoriamente, mas enfoca o bem ambiental em suas diversas expressões (natural, artificial, cultural e outras mais). Esta é a lição de Canotilho ao tratar sobre a concepção integrada ou integrativa do ambiente, *in verbis*:

> Um Estado constitucional ecológico pressupõe uma concepção integrada ou integrativa do ambiente e, consequentemente, um direito integrado e integrativo do ambiente. Embora não seja ainda muito claro o conceito de direito integrado do ambiente (o conceito aparece sobretudo na avaliação integrada de impacto ambiental), ele aponta para a necessidade de uma protecção global e sistemática que não se reduza à defesa isolada dos componentes ambientais naturais (ar, luz, água, solo vivo, e subsolo, flora, fauna) ou dos componentes humanos (paisagem, patrimônio natural e construído, poluição). As consequências de uma protecção integrada do ambiente são relevantes sob vários pontos de vista. O bem protegido — o bem ambiente — tem subjacente uma concepção ampla de ambiente que engloba não apenas o conceito de ambiente naturalista mas o ambiente como o "conjunto dos sistemas físicos, químicos, biológicos e as suas relações, e dos factores económicos, sociais e culturais com efeito directo

ou indirecto, mediato ou imediato, sobre os seres vivos e a qualidade de vida do homem" (cf. art. 5º da Lei de Bases do Ambiente).[88]

No entanto, é importante ter-se em mente que a teoria sistêmica e seus diversos desdobramentos não são uma panaceia para todos os problemas da ciência; tampouco fornecem todas as ferramentas a serem utilizadas na construção de um modelo eficiente de proteção ambiental. O sistema é apenas a ponta de um *iceberg*, o início de uma abordagem científica mais profunda, crítica e contextualizada de um mundo cuja complexidade atinge patamares que refogem à racionalidade tradicional. Ademais, o pensamento sistêmico não pode se tornar aquilo que inicialmente visou a combater, um procedimento reducionista do conhecimento. A afirmativa genérica de que o mundo é um sistema não contribui mais à ciência do que aquela que comparou o coração dos homens a um relógio.

Admitido um paradigma sistêmico, ainda que como elemento inicial de uma construção teórica mais abrangente, é preciso continuar a articulação deste arcabouço conceitual com a noção de complexidade. Com isso, serão melhor identificadas as dificuldades a serem enfrentadas no que pertine à informação ambiental, com destaque para o meio ambiente do trabalho.

2.2. A VISÃO DA COMPLEXIDADE

Expostas as linhas gerais do pensamento sistêmico, incluindo seu potencial reformulador da dogmática científica tradicional, já se pode lançar mão de uma série de noções que ajudam a contornar as dificuldades epistemológicas trazidas por visões reducionistas de mundo. Ideias como propriedades emergentes do todo; inter-relação; organização e redes proporcionam valiosas contribuições teóricas para a percepção da riqueza de significados do universo como um todo e do meio ambiente em especial.

---

[88] CANOTILHO, José Joaquim Gomes. Estado constitucional ecológico e democracia sustentada. In: FERREIRA, H. S.; LEITE, J. R. M. (orgs.). *Estado de direito ambiental:* tendências. Rio de Janeiro: Forense Universitária, 2004. p. 8. Registre-se que na literatura ambiental brasileira também se encontra uma visão do direito ambiental como um ramo "sistematizador", proporcionando uma tutela jurídica integrada do meio ambiente. Ensina Paulo Affonso Leme Machado que: "O Direito Ambiental é um Direito sistematizador, que faz a articulação da legislação, da doutrina e da jurisprudência concernentes aos elementos que integram o ambiente. Procura evitar o isolamento dos temas ambientais e sua abordagem antagônica. Não se trata mais de construir um Direito das águas, um Direito da atmosfera, um Direito do solo, um Direito florestal, um Direito da fauna ou um Direito da biodiversidade. O Direito Ambiental não ignora o que cada matéria tem de específico, mas busca interligar estes temas com a argamassa da identidade dos instrumentos jurídicos de prevenção e de reparação, de informação, de monitoramento e de participação" (MACHADO, Paulo Affonso Leme. *Direito ambiental brasileiro.* 8. ed. São Paulo: Malheiros, 2000. p. 122).

Também foi salientada a íntima ligação entre a visão sistêmica e a busca por informações ambientais mais abrangentes e contextualizadas. Não se pode querer informar ou ser informado de maneira adequada sobre o meio ambiente sem considerar as correlações existentes entre os organismos e seu entorno, os quais formam sistemas que se relacionam com outros organismos igualmente organizados, proporcionando trocas de matéria e energia em diferentes escalas. O universo passa a ser visto como uma grande teia composta por vários pontos de intersecção, sem um centro específico.

Porém, como afirmado no final da seção anterior, o sistema é apenas o ponto de partida para uma construção teórica mais abrangente. É preciso explicitar a falta de sentido único dos fluxos que perpassam os diferentes sistemas. É necessário implodir de vez as reminiscências do método cartesiano, que assombra inclusive o pensamento sistêmico pela ideia do sistema como verdade universal e remédio para todos os males da racionalidade.

Os caminhos labirínticos dos sistemas não podem ser percorridos por visões dogmáticas herméticas, maniqueístas e exclusivas. Nas veias sistêmicas não fluem as certezas ou verdades evidentes, mas sim o líquido enigmático da complexidade. Mais do que religar um mundo fragmentado pelo racionalismo clássico, a complexidade busca o sentido deste mundo, mesmo que ele seja exatamente a falta de sentidos unívocos e predeterminados.

Neste ponto, é importante a menção à obra do francês Edgar Morin, atualmente um dos grandes teóricos da complexidade. Morin envida esforços para construir um novo método para o pensamento e para a ação, buscando uma religação e articulação de elementos antes separados pela ciência clássica baseada no modelo cartesiano. Em seu método, a desordem, o caos, a incerteza e outras noções condenadas pelo dogmatismo tradicional são redefinidas e exploradas em suas potencialidades positivas. No intuito de transmitir com fidelidade suas intenções, transcrevem-se aqui algumas palavras do autor:

> Este livro é uma progressão em espiral; ele parte de uma interrogação e de um questionamento; ele vai adiante através de uma reorganização conceitual e teórica em cadeia que, atingindo enfim o nível epistemológico e paradigmático, chega à ideia de um método que deve permitir um avanço do pensamento e da ação que pode reunir o que estava mutilado, articular o que estava separado, pensar o que estava oculto.

O método aqui se opõe à conceituação dita "metodológica" em que ela é reduzida a receitas técnicas. Como o método cartesiano, ele deve inspirar-se de um princípio fundamental ou paradigma. Mas a diferença é justamente o paradigma. Não se trata mais de obedecer a um princípio de ordem (eliminando a desordem), de claridade (eliminando o obscuro), de distinção (eliminando as aderências, as participações e as comunicações), de disjunção (excluindo o sujeito, a antinomia, a complexidade), ou seja, obedecer a um princípio que liga a ciência à simplificação lógica. Trata-se, ao contrário, de ligar o que estava separado através de um princípio de complexidade.[89]

Como se percebe das lições de Morin, o seu método, assim como o pensamento sistêmico, contrapõe-se à filosofia cartesiana. Mas em que consiste a diferença entre o método complexo e aquele cujas bases foram lançadas por René Descartes no século XVII? A concepção cartesiana, como vista acima (seção 2.1), traz entre seus princípios a busca por uma verdade absoluta, utilizando como ferramentas a separação dos objetos analisados, a busca pela simplificação dos problemas apresentados e, por fim, a construção de enumerações e considerações taxativas das conclusões encontradas. Com isso, o método cartesiano promove a disjunção dos elementos do mundo cognoscível, indo até às últimas consequências com a separação entre sujeito conhecedor e objeto conhecido, eliminado as noções de incerteza — a dúvida é tida como indicativa do erro — e de subjetividade da pesquisa científica.

Já o método da complexidade caminha em sentido oposto. De acordo com os ensinamentos de Morin, ele promove a religação dos componentes do mundo. Admite a desordem e o caos como elementos também geradores de novas ordens, assim como não nega a incerteza e a obscuridade do pensamento, encarando de frente os desafios que elas suscitam. A complexidade se lança em uma cruzada contra visões maniqueístas do universo que tendem a dividi-lo entre bem/mal, certo/errado, ordem/desordem, como se o mundo coubesse nos escaninhos herméticos de um pensamento fragmentado e simplificador. As opções a serem consideradas são, ao mesmo tempo, concorrentes, antagônicas e complementares. Os conceitos antes claros hauridos da ciência, da teologia, da história e outros domínios do conhecimento veem-se embaralhados de maneiras irreversíveis.

---

(89) MORIN, Edgar. *O método 1:* a natureza da natureza. 2. ed. Trad. Ilana Heineberg. Porto Alegre: Sulina, 2005. p. 37.

A incerteza do porvir não é mais temida, mas saudada com os louros da criatividade e de novas potencialidades.

No mosaico interdisciplinar formado pela complexidade, a subjetividade volta a ocupar seu lugar de honra na construção do conhecimento. Aqui não se trata da noção de subjetividade intencionalmente conspurcada pela ciência tradicional, em que significa falta de precisão e uma emotividade vacilante que turva a visão do cientista.[90] A subjetividade complexa conduz à capacidade crítica, à flexão do pensamento sobre si mesmo e seus processos de construção, antes tidos como fora de qualquer questionamento e vestidos com uma suposta neutralidade científica. Explicando esta nova concepção da subjetividade sob o enfoque complexo, ensina Edgar Morin:

> Consequentemente, o problema do sujeito que se impõe a nós não é um problema de "subjetividade" no sentido deteriorado em que este termo significa contingência e afetividade, é a interrogação fundamental de si sobre si, sobre a realidade e sobre a verdade. E esta interrogação faz surgir, não somente o problema da determinação bioantropológica do conhecimento, mas também o da determinação sociocultural.[91]

Atacando as opções dualistas e limitadoras da experiência humana, a complexidade abre um novo leque de opções e liberdades ao agir dos indivíduos. Conceitos antes tidos como unitários são explorados sob novos ângulos, descortinando-se novas potencialidades criativas. Um exemplo desta "quebra" do monismo de certas percepções de mundo está nas pesquisas desenvolvidas por Howard Gardner e sua equipe de trabalho junto à Universidade de Harvard, no início dos anos 80, sobre o intelecto humano.

Em apertada síntese, é possível afirmar que suas conclusões se contrapõem a uma visão unitária do intelecto conforme assentada na pedagogia tradicional, em que as pessoas se dividem entre "inteligentes" e "não inteligentes"; adotando-se como critérios medidores da inteligência a capacidade para responder a perguntas que requeriam habilidades linguísticas

---

(90) A separação entre sujeito e objeto — com a consequente expulsão da subjetividade dos processos de construção do conhecimento — foi tão poderosa na ciência clássica de inspiração cartesiana que se reflete em diversas práticas científicas da atualidade. Cite-se como exemplo uma orientação muito conhecida no que diz respeito à escrita de trabalhos científicos, segundo a qual não é recomendável utilizar, na elaboração de textos científicos, uma linguagem na primeira pessoa do singular (eu penso que; entendo de tal forma; etc.); mas se devem usar subterfúgios para alcançar uma indeterminação do sujeito na escrita (pensamos que; entende-se de tal maneira; etc.). A regra, que inclusive é seguida no presente trabalho, demonstra como a aparição do sujeito nos processos epistemológicos ainda é motivo de grande constrangimento para a comunidade científica.

(91) MORIN, Edgar. *Op. cit.*, p. 116-117.

e lógicas. Segundo sua teoria, haveria sete tipos de inteligências[92], as quais apresentariam graus variáveis de desenvolvimento de acordo com cada indivíduo. A proposta apresentada por Gardner "É uma visão pluralista da mente, reconhecendo muitas facetas diferentes e separadas da cognição, reconhecendo que as pessoas têm forças cognitivas diferenciadas e estilos cognitivos contrastantes".[93] Essa teoria das inteligências múltiplas pode ser tida como o início de uma aplicação — consciente ou inconsciente — dos postulados da complexidade a um campo fundamental da percepção humana, o próprio intelecto, antes tido como unitário e indivisível.

Outro episódio que trouxe grandes avanços ao estudo da complexidade foi o desenvolvimento da teorização científica do "caos". Esta figura emblemática — relegada aos porões da ciência por concepções científicas reducionistas e por teorias religiosas sedentas por afirmação — passa a ser vista sob uma nova roupagem. O caos não conduz apenas à desordem e à desagregação, ele é também a fonte de novas ordens. Descortina-se o aspecto gerador (genésico) do caos, antes obliterado por sua concepção como energia erradicante. Sem pretensões de conceituar o "caos", termo que, assim como outros tratados neste estudo, é avesso a uma conceituação precisa, recordam-se mais uma vez as palavras de Morin sobre seu significado:

> O que é a ideia de caos? Esqueceu-se que era uma ideia genésica. Vê-se apenas nela destruição ou desorganização. Ora, a ideia de caos é de início uma ideia energética; ela traz em si fervura, flama, turbulência. O caos é uma ideia anterior à distinção, à separação e à oposição, é, portanto, uma ideia de indistinção, de confusão entre poder destrutor e poder criador, entre ordem e desordem, entre desintegração e organização, entre *Ubris* e *Dike*. [...] Nós acabamos de começar e nunca terminaremos de interrogar sobre a natureza do caos, conceito que, menos que qualquer outro, deve ser concebido como claro e substancial, já que ele traz em si indistinção, confusão, contradição. O caos está fora de nossa inteli-

---

[92] Seriam elas: inteligência musical; inteligência corporal-cinestésica (ligada ao movimento corporal, muito desenvolvida em atletas); inteligência lógico-matemática (relacionada a construções lógicas e à resolução de problemas matemáticos, sendo bastante aprimorada em cientistas); inteligência linguística; inteligência espacial (relativa à localização e domínio do âmbito espacial, incluindo o campo das artes visuais; apresentada em grau elevado por navegadores e artistas); inteligência interpessoal (vinculada à percepção do "outro", seus temperamentos, motivações e demais estados, desenvolvendo-se em líderes religiosos e políticos, professores, terapeutas, etc.); e inteligência intrapessoal (direcionada à percepção de si mesmo). Por causa deste número de inteligências, sua teoria foi denominada de *Teoria das Inteligências Múltiplas*. As informações que embasam estes comentários foram extraídas de GARDNER, Howard. *Inteligências múltiplas:* a teoria na prática. Trad. Maria Adriana Veríssimo Veronese. Porto Alegre: Artes Médicas, 1995.

[93] GARDNER, Howard. *Op. cit.*, p. 13.

gibilidade lógica, ele obriga nossas noções antagônicas a se dobrarem e se amarrarem umas às outras. É neste sentido que Heráclito pode assimilá-lo a Polemos — o Conflito — "pai de todas as coisas", que encontra eco em René Thom: "Nossos modelos atribuem a toda morfogênese um conflito, uma luta entre dois ou mais atratores" (Thom, 1972, p. 34).[94]

Neste mergulho nas águas da complexidade, ordem e desordem passaram a coexistir nos fenômenos do universo e, consequentemente, em suas análises. Foi da física termodinâmica que vieram as demonstrações empíricas da nova concepção criadora do caos e da desordem. Analisando o fenômeno da auto-organização nos sistemas termodinâmicos abertos afastados do equilíbrio, o químico e físico russo Ilya Prigogine, ganhador do prêmio Nobel, desenvolveu a teoria das "estruturas dissipativas". O nome de sua teoria já é desafiador, pois contrapõe a ideia estática de "estrutura" à noção denotativa de movimento trazida pelo termo "dissipativas". Sobre esta teoria, são esclarecedoras as palavras de Capra:

> Na década de 60, Prigogine desenvolveu uma nova termodinâmica não linear para descrever o fenômeno da auto-organização em sistemas abertos afastados do equilíbrio. "A termodinâmica clássica", explica ele, "leva à concepção de 'estruturas de equilíbrio' tais como os cristais. As células de Bénard também são estruturas, mas de uma natureza totalmente diferente. É por isso que introduzimos a noção de 'estruturas dissipativas', a fim de enfatizar a estreita associação, de início paradoxal, nessas situações, entre estrutura e ordem, de um lado, e dissipação ... do outro". Na termodinâmica clássica, a dissipação de energia na transferência de calor, no atrito e em fenômenos semelhantes sempre esteve associada com desperdício. A concepção de Prigogine de uma estrutura dissipativa introduziu uma mudança radical nessa concepção ao mostrar que, em sistemas abertos, a dissipação torna-se uma fonte de ordem.[95]

A dissipação de energia nas transferências de calor, fenômeno já amplamente constatado pela segunda lei da termodinâmica[96], torna-se fonte criadora de uma nova ordem. A energia dissipada que, segundo a física

---

(94) MORIN, Edgar. *Op. cit.*, p. 80-84, *passim*.
(95) CAPRA, Fritjof. *Op. cit.*, p. 82.
(96) Segundo a qual seria impossível construir uma máquina térmica que, operando em um ciclo termodinâmico, retirasse calor de uma fonte quente e o convertesse integralmente em trabalho mecânico, sem desperdício energético algum.

clássica, leva à desordem (entropia), torna-se a matéria-prima da ordem em um ambiente complexo, marcado por processos cíclicos e recursivos, que refletem sobre si mesmos. Fortalecem-se assim as ideias de regeneração, reorganização, retroalimentação e outras correlatas, que vêm a ser unificadas sob o signo da neguentropia[97], ou entropia positiva, criadora de organização.

A concepção da complexidade em Edgar Morin, cujas implicações informacionais são marcantes como se verá a seguir, utiliza-se do pensamento sistêmico em seus intentos teóricos; mas o faz apenas como ponto de partida para voos mais altos. Se o átomo foi, durante muito tempo, a unidade inicial do universo para a física clássica, o sistema passa a ser o novo átomo na ciência complexa. No entanto, ao contrário do átomo, noção que simbolizava a vitória dos procedimentos reducionistas e simplificadores, o sistema é irredutível e inexpugnável à simplificação, complexo por sua própria natureza. As noções da teoria geral dos sistemas são revisitadas e complexificadas, não havendo, *v. g.*, sistemas abertos e sistemas fechados, mas sistemas que são ao mesmo tempo abertos e fechados, verdadeiras estruturas dissipativas como ensinou a termodinâmica de Prigogine.

A partir destas considerações, Morin constrói a noção de *complexidade de base*, tomando o sistema como a unidade da complexidade. Partindo dos sistemas como suas unidades elementares, a teoria complexa assume proporções imensuráveis. O sistema é convertido na raiz da complexidade:

> [...] a noção de sistema não é nem simples nem absoluta; ela comporta, na sua unidade, relatividade, dualidade, multiplicidade, cisão, antagonismo; o problema de sua inteligibilidade abre uma problemática da complexidade.
>
> [...] O sistema é o conceito complexo de base porque ele não é redutível a unidades elementares, a conceitos simples, a leis gerais. O sistema é a unidade de complexidade. É o conceito de base, pois ele pode se desenvolver em sistemas de sistemas de sistemas, em que aparecerão as máquinas naturais e os seres vivos. Estas máquinas, estes seres vivos, são *também* sistemas, mas eles já são outra coisa. Nosso objetivo não é fazer um sistemismo reducionista.

---

(97) A respeito do significado da noção de neguentropia, são importantes as lições de Edgar Morin, para quem "Em termos dinâmicos, uma organização é neguentrópica se ela é dotada de virtudes organizadoras ativas, que, em última instância, demandam um circuito recursivo produtor de si. O conceito de neguentropia, entendido assim, é o aspecto termodinâmico de toda regeneração, reorganização, produção, reprodução de organização. Ele tem como fonte e se forma no circuito recursivo, cíclico, que recomeça sem parar e reconstrói sem parar a integridade e/ou a integralidade do ser-máquina" (MORIN, Edgar. *Op. cit.*, p. 355).

> *Utilizaremos universalmente nossa concepção do sistema, não como palavra-chave da totalidade, mas como raiz da complexidade.*[98] (grifado no original)

Dessa forma, são superados os últimos obstáculos opostos pelo paradigma cartesiano para uma verdadeira revolução dos padrões do pensar humano. A complexidade está assentada em bases sistêmicas, donde vem sua firmeza e, ao mesmo tempo, sua flexibilidade. O sistema é tratado aqui como o problema[99] que impele à busca de soluções, e não como a resposta pronta. A visão sistêmica, descortinando a miríade de relações dos componentes do mundo cognoscível, é o pórtico de acesso aos domínios da complexidade.

A fim de expor de maneira mais precisa a concepção da complexidade trabalhada por Edgar Morin, traz-se a seguinte síntese:

> *A complexidade surge então no coração do Uno simultaneamente como relatividade, relacionalidade, diversidade, alteridade, duplicidade, ambiguidade, incerteza, antagonismo e na união destas noções, que são, uma em relação às outras, complementares, concorrentes e antagônicas.* O sistema é o ser complexo que é mais, menos, diferente dele próprio. Ele é simultaneamente aberto e fechado. Não há organização sem antiorganização. Não há funcionamento sem disfunção...[100] (grifado no original)

Tecidos estes comentários sobre teoria da complexidade, é preciso relacioná-la à temática informacional. A assunção dos postulados complexos permite o aprofundamento da busca por informações mais completas, que considerem os diversos pontos de vista envolvidos nas disputas

---

(98) MORIN, Edgar. *Op. cit.*, p. 187.
(99) Conforme estabelece Morin "É preciso ir rumo ao sistema-problema, não rumo ao sistema-solução. Meu propósito não é empreender uma leitura sistêmica do universo; não é recortar, classificar, hierarquizar os diferentes tipos de sistema, desde os sistemas físicos até o sistema *homo. Meu propósito é mudar o olhar sobre todas as coisas, da física ao* homo. Não dissolver o ser, a existência, a vida no sistema, mas compreender o ser, a existência, a vida, com a ajuda, também, do sistema. Quer dizer, primeiramente, colocar em todas as coisas o *acento circunflexo!* É o que eu tentei indicar: a complexidade na base, a complexidade no comando" (grifado no original) (*Ibidem*, p. 190).
(100) MORIN, Edgar. *Op. cit.*, p. 185. De acordo com a análise de Luiz Ernani Bonesso de Araujo e Jerônimo Siqueira Tybusch sobre a teoria da complexidade "Frente ao exposto, o que a concepção sistêmico-complexa propõe é a releitura do mundo. Uma possibilidade de se repensar o processo de construção da civilização humana como um todo, de se rever as crises fabricando outras realidades e outros referenciais. É possível conceber a visão complexa indo mais longe com Edgar Morin e concebendo também uma condição cósmica. Ou seja, abandonando a ideia de universo ordenado, perfeito e eterno pelo referencial de um universo nascido da irradiação, em devenir disperso, onde atuam, de modo complementar, concorrente e antagônico, a desordem e a organização" (ARAUJO, L. E. B. de; TYBUSCH, J. S. *Op. cit.*, p. 97).

informacionais, inclusive na seara ambiental. Não serão mais aceitas informações simplificadoras, reducionistas, que resumam seus conteúdos em apologias do bem ou do mal.

A incerteza da ciência não é mais mascarada por pseudoverdades excludentes. As insuficiências do conhecimento humano são expostas de modo a se tornarem o motor de sua própria superação. É admitida a infinitude do horizonte informacional, impelindo à procura por informações que necessitam ser continuamente complementadas. O "estado da arte" informacional é sempre composto pelo construído e pelo devir, pelo que ainda não é, pelo potencial.[101]

A complexidade, recolocando o sujeito nos processos de construção do conhecimento, descortina o "lugar da fala"; investiga os procedimentos e meios pelos quais a informação é construída e difundida. Com isso, a complexidade franqueia a crítica epistemológica às informações que viajam pelos fluxos da sociedade informacional.

Analisada a teoria da complexidade em seus contornos gerais, interessa a este estudo trazê-la para os domínios ambientais. É relevante, pois, questionar a existência de uma específica complexidade ambiental. Como introdução a este tema, é relevante recordar, mais uma vez, a objetivação do mundo que culminou com o pensamento cartesiano. Esta objetivação exacerbada acabou por engendrar questionamentos sobre os dualismos criados pela ciência clássica, tais como mente-corpo; objeto-sujeito; razão-sentimento; natureza-cultura; dentre outros.

O pensamento ecologista e a construção de uma complexidade ambiental podem ser apreciados sobre este pano de fundo epistemológico, marcado por rupturas duais. Neste sentido são os ensinamentos de Enrique Leff:

> O pensamento ecologista se debate assim entre teorias monistas e teorias dualistas sem ter alcançado uma clara sistematização dos diferentes campos temáticos e programas de investigação em que tal dilema se apresenta, sem haver logrado esclarecer as controvérsias entre diferentes aproximações filosóficas: ontológicas, epistemológicas e metodológicas.[102]

---

(101) Sobre o "potencial desvelador" da informação complexa, Edgar Morin traz os seguintes apontamentos: "Enquanto a ideologia informacionista pretende explicar tudo, a informação complexa ao mesmo tempo revela e fornece mistério. Ela fornece mistério, como todo conceito complexo, que ilumina e não mascara o que na realidade é inacessível, inconcebível e indizível. A informação, que nos abre o universo da comunicação, nos fecha nele no sentido em que aprendemos que somos cegos ao incomunicável..." (MORIN, Edgar. Op. cit., p. 438).
(102) LEFF, Enrique. Racionalidade ambiental: a reapropriação social da natureza. Trad. Luís Carlos Cabral. Rio de Janeiro: Civilização Brasileira, 2006. p. 101.

Neste cenário científico, a complexidade ambiental trabalha estes dualismos de modo a se afastar de separações absolutas ou, no extremo oposto, de unificações totalizadoras no plano ontológico. A complexidade ecológica desenvolvida por Leff tende a ressignificar a visão dualista do simbólico e do real, de modo a propor um novo dualismo que reconheça as imbricações entre estas duas ordens sem as diluir numa única e mesma substância.[103]

Este dualismo ressignificado traduz uma tentativa de libertação do potencial criativo do simbólico e das possibilidades do real. Reconhecidas as interconexões entre ambos sem descurar de suas diferenças, seus potenciais criadores são aumentados, não havendo limitações ocasionadas por suas interações. O que está em jogo neste debate monismo/dualismo é a liberdade, como aponta Enrique Leff:

> A liberdade que renasce dessa diferença ontológica é o que abre o pensamento a "participar do (livre) jogo da ideia, reativar a ação soberana da forma, deixar ser as coisas que são, significa não tanto transferir nos sentimentos e nas cores as puras harmonias inteligíveis, nem muito menos revelar as essências arquetípicas, mas sim liberar a realidade do princípio da razão e restituí-la ao puro ser por si" (Givone, 1995 : 83). Essa relação do pensamento criativo e do potencial do real não pode se dar dentro de um esquema monista. Só o dualismo deixa ser ao Ser e libera o pensamento para deixar fluir o potencial do conceito na esfera autônoma do pensamento e na virtualidade do ser. É o pensamento livre o que permite afirmar uma ontologia não essencialista, enquanto "não segue um ditame, não realiza uma essência, mas cria deixando ser" (Givone, 1995 : 95).[104]

Assim remodelada, a complexidade no campo ambiental promove uma nova reflexão sobre a natureza do ser, do saber e do conhecer; problematiza a articulação de conhecimentos em debates marcados pela interdisciplinaridade e pelo diálogo de saberes. Dessa forma, abrem-se novos espaços de reflexão e possibilita-se uma melhor compreensão dos processos de tomadas de decisões e das estratégias de apropriação da natureza.[105]

---
(103) Segundo suas palavras, "A tese dualista não implica um separatismo maniqueísta entre o real e o simbólico; aponta a impossível fusão e confusão de ambas as ordens. [...] Pois todas as cosmovisões e epistemologias mudam a interpretação dos processos materiais, mas não erradicam o real; nenhuma ideia concebida pelo homem e pela cultura transforma a dinâmica do universo nem a constituição do átomo, os quais continuam apresentando-se à inteligibilidade da razão" (LEFF, Enrique. Op. cit., p. 105-106).
(104) Ibidem, p. 109.
(105) Ibidem, p. 292.

Esta nova complexidade ambiental representa um escudo contra tentativas de unificações ideológicas, tecnológicas e econômicas do pensamento; mesmo quando essas tentativas se valham de pretensas abordagens "holísticas" que, na verdade, destroem singularidades e identidades culturais em processos homogeneizantes. Por meio de um dualismo ressignificado, a natureza é capaz de se libertar das amarras da ciência, na mesma medida em que o próprio pensamento maximiza seu poder de produção simbólica. Nesse sentido são as lições de Leff, para quem:

> A complexidade ambiental se apresenta como resposta ao constrangimento do mundo e da natureza pela unificação ideológica, tecnológica e econômica do conhecimento. A natureza explode para liberar-se do domínio das ciências, abrindo os canais da história a partir das potencialidades da natureza complexa, a partir da atualização do ser através da história e sua projeção ao futuro através das possibilidades abertas pela produtividade ecológica, pela potência do pensamento e pela fecundidade da outridade.[106]

Mais do que o mero reflexo de uma natureza complexa no pensamento, a complexidade ecológica é a imbricação criativa entre um mundo complexo e o pensamento complexificado. As próprias estruturas do real se tornam complexas também pela atuação do pensamento, em uma simbiose entre os domínios físicos, biológicos e culturais. Finalizando estes apontamentos sobre a complexidade ambiental e seus contornos dados por Enrique Leff, citem-se as seguintes palavras que ajudam a elucidar este delicado tema:

> A complexidade ambiental é o espaço onde se encontram e enlaçam a complexidade do real e do conhecimento, do ser e do saber, do tempo e das identidades. A complexidade ambiental é o entrelaçamento da ordem física, biológica e cultural; a hibridação entre a economia, a tecnologia, a vida e o simbólico. Essa complexidade do real não surge a partir de um novo olhar — holístico, interdisciplinar — para um mundo cuja complexidade lhes é imanente, mas que foi invisível para os paradigmas disciplinares. [...] a matéria complexificou-se pela reflexão do conhecimento sobre o real. O conhecimento, em vez de constituir um conjunto de teorias e formas de organização do pensamento para o entendi-

---

(106) *Ibidem*, p. 292.

mento das coisas e do mundo objetivo, passou a ser uma ordem conceitual e um conjunto de artefatos que intervêm e transformam o real, que tecnologizou e economicizou o mundo.[107]

Como se verifica das noções desenvolvidas por Enrique Leff, a complexidade ambiental não está apenas na natureza, mas também habita o pensamento que constitui as instâncias simbólicas da existência. O próprio ato de conhecimento complexifica o real, construindo-o uma vez mais.

Aqui são importantes as ideias trazidas pelos cientistas chilenos Humberto Maturana e Francisco Varela, sustentando que "todo conhecer é um fazer", conforme já aventadas na seção 1.1. Segundo se extrai de sua teoria do conhecimento, Maturana e Varela entendem que o ato de conhecer não pode ser encarado como se referindo a um mundo objetivo externo. O ato cognitivo é responsável pela determinação das categorias do real, no sentido de que aquilo que se conhece é determinado pelas estruturas do sujeito conhecedor.[108]

Esta noção de que todo ato cognitivo influi sobre o objeto analisado, recriando-o (ao menos na esfera simbólica), amolda-se perfeitamente aos apontamentos feitos sobre a teoria da complexidade, pois esta reabre os debates sobre o papel do sujeito na ciência, ao mesmo tempo em que não apenas percebe um mundo complexo, mas opera, ela mesma, a complexificação do mundo.

Assim como a complexidade, a teoria do conhecimento de Maturana e Varela põe a descoberto as deficiências epistemológicas da dogmática da

---

(107) *Ibidem*, p. 294.
(108) Conforme explicam textualmente: "Por isto estará, à base de tudo o que vamos dizer, este constante dar-se conta de que ao fenômeno do conhecer não se pode tomá-lo como se houvesse 'fatos' ou objetos lá fora, que alguém capta e os coloca na cabeça. A experiência de qualquer coisa lá fora é validada de uma maneira particular pela estrutura humana que faz possível 'a coisa' que surge na descrição. Esta circularidade, este encadeamento entre ação e experiência, esta inseparabilidade entre ser de uma maneira particular e como o mundo nos aparece, nos diz que *todo ato de conhecer implica um mundo*. Esta característica do conhecer será, inevitavelmente, ao mesmo tempo nosso problema, nosso ponto de partida e o fio diretriz de toda nossa apresentação nas próximas páginas. Tudo isto pode conter-se no aforismo: *Todo fazer é conhecer e todo conhecer é fazer*" (MATURANA, H.; VARELA, F. *El árbol del conocimiento*. Santiago de Chile: Universitaria, 1996. p. 13, tradução livre) (grifado no original). Conforme consta no original: "*Por esto estará, a la base de todo lo que vamos a decir, este constante darse cuenta de que al fenómeno del conocer no se lo puede tomar como si hubieran 'hechos' u objetos allá afuera, que uno capta y se los mete en la cabeza. La experiencia de cualquier cosa allá afuera es validada de una manera particular por la estructura humana que hace posible 'la cosa' que surge en la descripción. Esta circularidad, este encadenamiento entre acción y experiencia, esta inseparabilidad entre ser de una manera particular y como el mundo nos aparece, nos dice que todo acto de conocer trae un mundo a la mano. Esta característica del conocer será, inevitablemente, a la vez que nuestro problema, nuestro punto de partida y el hilo directriz de toda nuestra presentación en las próximas páginas. Todo esto puede encapsularse en el aforismo: Todo hacer es conocer y todo conocer es hacer*".

ciência clássica na medida em que contextualiza o saber, fixando no tempo e no espaço seus processos de construção. Como advertem Maturana e Varela "Todo o dito é dito por alguém".[109] O próprio saber ambiental é produzido por sujeitos condicionados historicamente, com interesses específicos nas lutas pela reapropriação da natureza.

Ter em mente estas considerações obriga a um estado permanente de vigília contra as armadilhas cognitivas estabelecidas pelo próprio intelecto. O pensamento crítico deve ter trânsito livre também no que diz respeito ao conhecimento sedimentado e legitimado pelas práticas científicas. Na esteira do que afirmam Maturana e Varela, "o conhecimento do conhecimento obriga":

> Ao longo deste livro recorremos à "árvore do conhecimento" e a vimos como o estudo científico dos processos que a subjazem. E se seguimos seu argumento e internalizamos suas consequências, também nos damos conta que são inescapáveis. O *conhecimento do conhecimento obriga*. Obriga-nos a tomar uma atitude de permanente vigília contra a tentação da certeza, a reconhecer que nossas certezas não são provas de verdade, como se o mundo que cada um vê fosse *o mundo* e não *um mundo* que construímos com outros. Obriga-nos porque ao saber que sabemos não podemos negar o que sabemos.[110] (grifado no original)

Da mesma maneira, o conhecimento da complexidade obriga; obriga a se estar atento contra verdades absolutas, certezas evidentes e "fontes autorizadas" do saber. No campo da informação ambiental ocorre fenômeno idêntico, pois a complexidade ecológica funciona como um antídoto contra visões totalizadoras do mundo, que abarcam a complexidade do real e do simbólico sob o manto de ideologias únicas, de teorias políticas e econômicas que se apresentam com pretensões universalistas.

Assim opera a complexidade, construindo um mosaico formado por noções antagônicas, concorrentes e — como não poderia deixar de ser em um mosaico — também complementares. O caos e a ordem dançam juntos

---

(109) *Ibidem*, p. 13 (tradução livre). Conforme consta no original: *Todo lo dicho es dicho por alguien*.
(110) *Ibidem*, p. 162 (tradução livre). Conforme consta no original: "A lo largo de este libro hemos recorrido el 'árbol del conocimiento' y lo hemos visto como el estudio científico de los procesos que lo subyacen. Y si hemos seguido su argumento e internalizado sus consecuencias, también nos damos cuenta que son inescapables. El conocimiento del conocimiento obliga. Nos obliga a tomar una actitud de permanente vigilia contra la tentación de la certeza, a reconocer que nuestras certidumbres no son pruebas de verdad, como si el mundo que cada uno ve fuese el mundo y no un mundo que traemos a la mano con otros. Nos obliga porque al saber que sabemos no podemos negar lo que sabemos".

ao som de uma maviosa sinfonia tocada pelos instrumentos da incerteza, do porvir e do mistério. É a junção das diferenças sem, contudo, destruir suas individualidades (complexidade ecológica). É a afirmação e, ao mesmo tempo, a negação da ciência e da informação pela sua constante atualização crítica. É a paixão cálida de Vadinho e o amor metódico de Teodoro Madureira que, juntos, fazem Dona Flor completa em uma exuberância de sentimentos libertadora.

Assim delineados os traços do pensamento sistêmico e da teoria da complexidade, inclusive com suas implicações informacionais, já começam a tomar corpo importantes instrumentos na luta pela efetivação do direito à informação no meio ambiente do trabalho. No entanto, ainda é necessário agregar a estes esforços o estudo da noção de "risco", com o que se poderá lidar de maneira mais adequada com os desafios trazidos pela tarefa de concretizar o acesso à informação no ambiente laboral.

2.3. SOCIEDADE DE RISCO E A EXPROPRIAÇÃO DOS SENTIDOS

Sistemas e complexidade são armas importantes nas questões que envolvem o acesso à informação ambiental. A interconectividade do mundo sistêmico e as potencialidades do pensar e do agir humano descortinadas pela teoria complexa possibilitam a busca por informações mais amplas, contextualizadas, críticas e não distorcidas por ideologias maniqueístas.

Sem embargo destas considerações, de importância decisiva aos intentos deste trabalho, tem-se que a busca pela efetivação do direito à informação no meio ambiente do trabalho também é auxiliada sobremaneira pelo estudo da noção de "risco". Ao longo desta seção, serão estudadas algumas facetas deste angustiante elemento que integra o quotidiano dos indivíduos. Abordar-se-ão algumas definições sobre os riscos; serão delineados os traços gerais daquilo que veio a ser conhecido como a "sociedade de risco"; bem como serão tratadas certas peculiaridades dos riscos ambientais e das dificuldades para sua correta percepção, o que traz implicações inclusive no que diz respeito ao tratamento jurídico da matéria.

Como ponto de partida desta análise, é possível afirmar que os riscos sempre existiram na vida dos homens e de suas sociedades. Desde o risco de pequenas frustrações rotineiras até o perigo capital da morte; este obscuro convidado sempre se fez presente nos diversos momentos da existência humana. Seja o risco aterrorizador que paralisa a ação, ou risco lascivo que impele ao agir arrebatador, o certo é que ele é a presença inarredável da vida. O risco é a constância.

Ante a força de sua presença, as sociedades desde cedo passaram a desenvolver meios de administrar os riscos e perigos a que estavam submetidas. Nessa difícil empreitada de domesticação do risco, foram empregadas diferentes técnicas de tratamento. A magia, o apelo aos deuses e a pesquisa científica foram e são algumas das maneiras mais corriqueiras de encarar os perigos existentes. De acordo com o panorama histórico desenvolvido por Marie-Angèle Hermitte a respeito do tratamento dos riscos:

> Todas as sociedades têm conhecimento dos perigos que as ameaçam e procuram evitá-los por meio de práticas mágicas, preces ou sistemas técnicos: a estratégia escolhida que consiste em evitar o perigo é a marca de uma relação com o risco. Entre o fim do século XVII e o início do século XIX, as sociedades ocidentais descartaram as explicações mágicas e religiosas para iniciar a pesquisa científica das causas dos males que as ameaçavam. Este sistema científico de explicação dos danos inscreveu-se nas mentalidades contemporâneas dos países desenvolvidos, constituindo a relação com o risco que lhes é própria; e quando, no século XIX, a sociedade industrial se envolvia em experimentação generalizada produtiva de *novos* riscos, procurava, incansavelmente, as causas para recorrer à prevenção dos riscos que decorriam dela, uma vez *comprovada* a ligação entre uma causa e um efeito. A pesquisa destas ligações esclarece os desenvolvimentos da prevenção, as transformações do direito da responsabilidade e a expansão da segurança.[111] (grifado no original)

Como se percebe da lição de Hermitte, a temática dos riscos deita raízes profundas em diversos campos, desde o desenvolvimento científico até a configuração jurídica das sociedades. Sua análise também salienta a importância da sociedade industrial enquanto polo difusor de novos riscos, o que será melhor desenvolvido a seguir.

A esta altura mostra-se relevante depurar o significado da noção de risco em relação a outras ideias correlatas, o que facilita o trato teórico da matéria. Pode-se começar distinguindo entre *risco* e *perigo*. O risco é noção mais específica, suscitando a construção de categorias mentais orientadas

---

(111) HERMITTE, Marie-Angèle. A fundação jurídica de uma sociedade das ciências e das técnicas através das crises e dos riscos. In: VARELLA, Marcelo Dias (org.). *Direito, sociedade e riscos:* a sociedade contemporânea vista a partir da ideia de risco. Brasília: UniCEUB, Unitar, 2006. p. 11-12.

ao futuro, para os mistérios ainda não alcançados pela experiência. Nesse sentido é o ensinamento de Anthony Giddens:

> Risco não é o mesmo que infortúnio ou perigo. Risco se refere a infortúnios ativamente avaliados em relação a possibilidades futuras. A palavra só passa a ser amplamente utilizada em sociedades orientadas para o futuro — que veem o futuro precisamente como um território a ser conquistado ou colonizado. O conceito de risco pressupõe uma sociedade que tenta ativamente romper com seu passado — de fato, a característica primordial da civilização industrial moderna.[112]

Esta ligação entre os riscos e o futuro fica ainda mais evidente por meio da organização dos sistemas institucionais de salvaguarda dos indivíduos. Assim ocorre com o mercado de seguros privados, em que as apólices preveem uma gama de garantias em virtude de eventos danosos futuros que possam ocorrer ao segurado. Aprofundando esta linha de raciocínio, chega-se até aos fundamentos do Estado Social, organizado em suas redes institucionais de serviços e seguros aos cidadãos contra situações adversas como, por exemplo, aquelas relativas à idade avançada, acidentes e incapacidade laborativa.[113]

Dado que os riscos sempre existiram e que sua análise passou a ocorrer de forma mais sistematizada quando de sua localização em categorias temporais ligadas ao futuro, cabe questionar o motivo dessa mudança de tratamento em relação aos mesmos, fazendo dos riscos um objeto de atenção renovada. O que diferencia os riscos de eventos como desastres naturais, epidemias e outros acontecimentos da mesma espécie?

A resposta a esta e a outras questões sobre a temática dos riscos é dada por Ulrich Beck, uma das maiores autoridades no trato desta matéria. Para Beck, os riscos em sentido estrito pressupõem uma sociedade industrial, baseada em decisões técnico-científicas e considerações de utilidade. O risco surgiria não de eventos aleatórios, mas sim em razão de atitudes

---

(112) GIDDENS, Anthony. *Mundo em descontrole*. Trad. Maria Luiza X. de A. Borges. 6. ed. Rio de Janeiro: Record, 2007. p. 33.
(113) A Constituição brasileira de 1988 explicita estas garantias quando trata da organização da previdência social oficial. Dispõe seu art. 201 que: "A previdência social será organizada sob a forma de regime geral, de caráter contributivo e de filiação obrigatória, observados critérios que preservem o equilíbrio financeiro e atuarial, e atenderá, nos termos da lei, a: I — cobertura dos eventos de doença, invalidez, morte e idade avançada; II — proteção à maternidade, especialmente à gestante; III — proteção ao trabalhador em situação de desemprego involuntário; IV — salário-família e auxílio-reclusão para os dependentes dos segurados de baixa renda; V — pensão por morte do segurado, homem ou mulher, ao cônjuge ou companheiro e dependentes, observado o disposto no § 2º".

ocorridas em centros de tomada de decisões em que estariam em jogo vantagens econômicas e técnicas, dentre outras. Segundo suas palavras:

> Dramas humanos — pragas, fomes e desastres naturais, as manifestações de poder de deuses e demônios — podem ou não igualar quantificavelmente o potencial destrutivo das modernas megatecnologias em periculosidade. Eles diferem essencialmente dos 'riscos' em meu entender desde que eles não estão baseados em decisões, ou, mais especificamente, decisões que focam sobre vantagens e oportunidades técnico-econômicas e aceitam perigos como simplesmente o lado obscuro do progresso. Este é meu primeiro ponto: riscos presumem decisões industriais, isto é, tecnoeconômicas, e considerações de utilidade. Eles diferem de 'dano da guerra' por seu 'nascimento normal', ou, mais precisamente, sua 'origem pacífica' em centros de racionalidade e prosperidade com as bênçãos dos garantidores de lei e ordem. Eles diferem dos desastres naturais pré-industriais por sua origem em tomadas de decisão, que são é lógico conduzidas nunca por indivíduos mas por organizações inteiras e grupos políticos.[114]

O entendimento dos riscos como frutos de decisões racionalizadas proporciona a difusão do debate sobre sua atribuição a determinados atores e as responsabilidades que suscitam. Ao contrário dos riscos pré-industriais, atribuídos a entidades metafísicas como deuses e demônios, os riscos oriundos da sociedade industrial passam a ser imputados a agentes concretos como empresas, integrantes das instâncias governamentais e outros personagens identificáveis.[115]

Com isso, houve um aumento das discussões sobre a política de responsabilidade sobre a criação dos riscos. Os riscos ambientais têm papel de destaque neste movimento de revisão e aprimoramento das categorias tradicionais da responsabilidade civil. Como será visto adiante, o direito

---

[114] BECK, Ulrich. *World risk society*. Cambridge: Polity, 1999. p. 50 (tradução livre). Conforme consta no original: "Human dramas — plagues, famines and natural disasters, the looming power of gods and demons — may or may not quantifiably equal the destructive potential of modern mega-technologies in hazardousness. They differ essentially from 'risks' in my sense since they are not based on decisions, or, more specifically, decisions that focus on techno-economic advantages and opportunities and accept hazards as simply the dark side of progress. This is my first point: risks presume industrial, that is, techno-economic, decisions and considerations of utility. They differ from 'war damage' by their 'normal birth', or, more precisely, their 'peaceful origin' in the centers of rationality and prosperity with the blessings of the guarantors of law and order. They differ from pre-industrial natural disasters by their origin in decision-making, which is of course conducted never by individuals but by entire organizations and political groups".
[115] *Ibidem*, p. 50.

ambiental, na tentativa de tutelar de forma adequada o meio ambiente, viu-se na contingência de adotar normas de responsabilidade mais consentâneas com essa nova percepção dos riscos.

Nesta linha de entendimento, ganharam notoriedade algumas distinções didáticas entre os riscos ditos "externos" e aqueles "fabricados" nas engrenagens da sociedade industrial. A diferenciação vem apresentada por Anthony Giddens, para quem:

> A melhor maneira de explicar o que está acontecendo é fazer uma distinção entre dois tipos de risco. Chamarei um deles de risco externo. O risco externo é o risco experimentado como vindo de fora, das fixidades da tradição ou da natureza. Quero distingui-lo do risco fabricado, com o que quero designar o risco criado pelo próprio impacto de nosso crescente conhecimento sobre o mundo. O risco fabricado diz respeito a situações em cujo confronto temos pouca experiência histórica. A maior parte dos riscos ambientais, como aqueles ligados ao aquecimento global, recaem nesta categoria. Eles são diretamente influenciados pela globalização cada vez mais intensa que discuti no Capítulo 1.[116]

O próprio desenvolvimento do conhecimento científico que, de um lado, aumenta a quantidade e a intensidade dos riscos, de outro, contribui para seu esclarecimento e vinculação a determinadas práticas sociais estabelecidas. Mediante a construção de informações mais fidedignas, a ciência torna-se ré e magistrada no julgamento sobre a criação dos riscos.

Analisando as potencialidades de uma sociedade baseada nas ciências e nas técnicas e seus mecanismos de desvelamento das conexões entre o conhecimento e os riscos, ensina Marie-Angèle Hermitte que "[...] assistimos à construção de uma sociedade das ciências e das técnicas que faz, timidamente, a ligação entre a parte clara da economia do conhecimento e a parte escura da sociedade do risco, uma não indo sem a outra".[117]

A assunção do caráter "não espontâneo" de muitos dos riscos surgidos com a sociedade industrial, bem como os esclarecimentos trazidos pelos avanços científicos colocam a temática do risco na pauta da agenda política mundial. Os debates giram não somente em torno de novas modalidades de responsabilização pelos riscos criados, mas também sobre os meios de limitá-los, mantendo-os dentro dos limites do razoável.

---

(116) GIDDENS, Anthony. *Op. cit.*, p. 36.
(117) HERMITTE, Marie-Angèle. *Op. cit.*, p. 13.

Com o incremento dos potenciais produtivos da economia capitalista, em um curto espaço de tempo praticamente todas as esferas da vida social passaram a operar em larga escala, fato bem demonstrado no período que sucedeu à segunda guerra mundial. Para o bem e para o mal, o poder do homem sobre o mundo que habita viu-se multiplicado muitas vezes desde o desenvolvimento dos primeiros motores a vapor. A manipulação da eletricidade permitiu conquistas fantásticas, assim como os estudos do átomo abriram as portas a um novo universo de poder antes inimaginável aos cientistas.

Por outro lado, também aumentaram as preocupações com os riscos criados pelos novos desenvolvimentos tecnológicos. O próprio meio ambiente tornou-se vítima de agressões cada vez mais potentes, ocasionando o esgotamento dos potenciais produtivos naturais graças a modelos de exploração econômica que viam no lucro o objetivo único da produção de bens e serviços.

Neste panorama, afirma-se a ideia de que o potencial destrutivo da ação do homem alcança níveis inéditos em sua história. Vários riscos antes considerados distantes (destruição da camada de ozônio, aquecimento global, esgotamento dos recursos hídricos, etc.) passam a ser reconsiderados; assim como surgem novas modalidades de perigos a assolar as sociedades (guerras nucleares, manipulação genética, poluição visual dos grandes centros urbanos, dentre outras). A possibilidade da ocorrência de uma catástrofe ambiental de grandes proporções se afigura mais clara no imaginário dos indivíduos, suscitando diversos tipos de posturas.

Em meio a estas reflexões, começam a ser construídos os pressupostos teóricos da denominada "sociedade de risco". Dentre estes pressupostos, destacam-se a consciência sobre a situação insustentável dos atuais níveis de produção da economia e a existência de uma degradação ambiental crescente, que colocam a descoberto as fragilidades ecológicas dos atuais padrões de crescimento econômico e social.

No Brasil, merecem destaque as lições de José Rubens Morato Leite acerca da sociedade de risco e suas implicações jurídicas. Esboçando os contornos do que seria uma teoria da sociedade de risco, Morato Leite traz as seguintes reflexões:

> A Teoria da Sociedade de Risco, característica da fase seguinte ao período industrial clássico, representa a tomada de consciência do esgotamento do modelo de produção, sendo esta marcada pelo risco permanente de desastres e catástrofes. Acrescente-se o uso

do bem ambiental de forma ilimitada, pela apropriação, a expansão demográfica, a mercantilização, o capitalismo predatório — alguns dos elementos que conduzem a sociedade atual a situações de periculosidade.

A sociedade de risco é aquela que, em função de seu contínuo crescimento econômico, pode sofrer a qualquer tempo as consequências de uma catástrofe ambiental. Nota-se, portanto, a evolução e o agravamento dos problemas, seguidos de uma evolução da sociedade (da sociedade industrial para a sociedade de risco), sem, contudo, uma adequação dos mecanismos jurídicos de solução dos problemas dessa nova sociedade. Há consciência da existência dos riscos, desacompanhada, contudo, de políticas de gestão, fenômeno denominado *irresponsabilidade organizada*.[118] (grifado no original)

Na chamada sociedade de risco, este é levado a consequências extremas, evocando, em última análise, o risco da destruição do planeta inteiro, como no caso de uma guerra nuclear. Há a generalização dos riscos e a sua imprevisibilidade, o que é exemplificado com os fenômenos relacio-nados ao terrorismo e à degradação ambiental.

Na esfera ambiental, a análise dos riscos aponta interessantes peculiaridades. Neste ponto, a base teórica fornecida pelo pensamento sistêmico e pela teoria da complexidade é de grande relevância. Em um mundo marcado pela interconexão sistêmica, os riscos ambientais não existem de maneira isolada uns dos outros. O exemplo das monoculturas é elucidativo: a introdução do plantio baseado na monocultura acaba por empobrecer o solo e seus nutrientes, retirando-lhe a reposição orgânica ocasionada pela atuação e decomposição de outras plantas que contribuem nos processos de renovação do ciclo produtivo da natureza. Da mesma forma, a imposição de um regime de monocultura destrói a biodiversidade da região em que é feita, inclusive a biodiversidade animal, que se vê afetada pela falta de *hábitats* naturais de outras espécies da fauna, adaptadas a um ambiente vegetal mais complexo. Por sua vez, a redução da biodiversidade da fauna ocasiona um desequilíbrio ecológico em cadeia, podendo gerar o aumento de pragas por causa da falta de predadores naturais, trazendo prejuízos inclusive para a saúde humana.

---

(118) LEITE, José Rubens Morato. Sociedade de risco e Estado. In: CANOTILHO, J. J. G.; LEITE, J. R. M. (orgs.). *Direito constitucional ambiental brasileiro*. São Paulo: Saraiva, 2007. p. 131-132.

Outro exemplo pode ser colhido no meio ambiente do trabalho. Não raro o trabalhador é submetido a tipos diferentes de agentes insalubres e de maneira concomitante (baixa iluminação; poeiras; ruídos; radiações ionizantes e outros), que acabam por atuar de maneira cumulativa, reduzindo as defesas do organismo e potencializando a atuação dos demais agentes nocivos.

Esta simples enunciação de exemplos relacionados à monocultura e ao ambiente laboral já demonstra a ampla ligação existente entre os diversos riscos ambientais, cuja percepção é auxiliada pelas contribuições do pensar sistêmico. No que tange à complexidade destes riscos, registre-se a dificuldade em sua exata mensuração, pois há riscos e danos ecológicos cujas consequências a médio e a longo prazos ainda são tema de acirradas controvérsias, como ocorre em relação aos produtos feitos a partir de organismos geneticamente modificados que, por pressões de ordem econômica, têm trânsito livre nas prateleiras dos supermercados nacionais. E o que dizer dos riscos ainda desconhecidos pelo homem, em especial aqueles ligados aos novos avanços tecnológicos?

Percebe-se que a correta compreensão dos riscos ambientais oriundos de novas tecnologias não é tarefa fácil em um mundo marcado pela complexidade e por inúmeras contingências. Existem dificuldades desde a identificação de responsáveis até a percepção das intricadas ligações entre os diversos tipos de poluições e perigos. São desafios como estes que colocam os riscos tecnologicamente induzidos em um campo de operação fora da capacidade de percepção humana. Aqui é possível falar de uma "expropriação dos sentidos" ocasionada pelos riscos globais, que torna a vida insegura, conforme a feliz expressão de Ulrich Beck:

> Isto é ainda mais verdadeiro porque, segundo, um número significativo de perigos induzidos tecnologicamente, como aqueles associados com poluição química, radiação atômica e organismos geneticamente modificados, são caracterizados por uma inacessibilidade aos sentidos humanos. Eles operam fora da capacidade de percepção humana (não auxiliada). A vida quotidiana é 'cega' em relação aos perigos que ameaçam a vida e assim depende em suas decisões internas de especialistas e contra-especialistas. Não somente a ameaça potencial mas esta '*expro-priação dos sentidos*' pelos riscos globais faz a vida insegura.[119] (grifado no original)

---

(119) BECK, Ulrich. *Op. cit.*, p. 55 (tradução livre). Conforme consta no original: "This is even more true because, second, a significant number of technologically induced hazards, such as those associated

Essa expropriação dos sentidos reforça a ideia de uma falta de domínio sobre o risco, avesso aos procedimentos de previsão e cálculo tradicionais. Afora a desconcertante constatação de que todos estão expostos aos riscos ambientais, não há o conhecimento exato sobre onde e quando se estará sujeito às suas consequências concretas, sejam elas "pequenas" agressões quotidianas à saúde humana no meio ambiente de trabalho ou grandes catástrofes ambientais.

Conforme o ilustrativo comentário de Anthony Giddens, "[...] passa a haver algo de mais arriscado no risco".[120] Referindo-se à categoria do risco fabricado, tal como apresentada linhas acima, o pensador britânico destaca a impossibilidade de cálculo e previsão das situações de risco na atualidade:

> À medida que o risco fabricado se expande, passa a haver algo de mais arriscado no risco. Como assinalei antes, a ideia de risco esteve estreitamente vinculada, em seu surgimento, à possibilidade de cálculo. A maior parte das formas de seguro se baseia diretamente nessa conexão. Cada vez que alguém entra num carro, por exemplo, é possível calcular as chances que essa pessoa tem de ser envolvida num acidente. Isso é previsão atuarial — envolve uma longa série temporal. As situações de risco fabricado não são assim. Simplesmente não sabemos qual é o nível de risco, e em muitos casos não saberemos ao certo antes que seja tarde demais.[121]

Afora a dificuldade de percepção inerente aos riscos da sociedade industrial desenvolvida, um entendimento mais abrangente dos mesmos é ainda mais problemático em razão da atuação "normalizadora" de algumas instituições sociais. Em virtude da temática dos riscos ser um assunto explosivo na cena social e política, representantes dos poderes socialmente estabele-cidos — muitos deles responsáveis pela criação de riscos significativos — tendem a envidar esforços para atrair os riscos para o campo da normalidade social, dando a impressão de uma falsa previsibilidade e controle, mesmo que à custa de manipulações ideológicas.

Aqui assume grande destaque o tema da informação ambiental. O controle da informação, uma vez mais, afigura-se como condição para a

---

with chemical pollution, atomic radiation and genetically modified organisms, are characterized by an inaccessibility to the human senses. They operate outside the capacity of (unaided) human perception. Every-day life is 'blind' in relation to hazards which threaten life and thus depends in its inner decisions on experts and counter-experts. Not only the potential harm but this 'expropriation of the senses' by global risks makes life insecure.

(120) GIDDENS, Anthony. *Op. cit.*, p. 38.
(121) *Ibidem*, p. 38.

manutenção de posições sociais, políticas e econômicas privilegiadas. As informações sobre os riscos ambientais acabam por moldar diversas posturas da população, desde as opções de eleitores até as preferências dos consumidores. Dessa forma, é fácil perceber porque a informação ambiental torna-se um instrumento de poder nas sociedades contemporâneas: dentre outros motivos, ela guarda estreita conexão com a temática dos riscos, assunto que inflama os debates em diversas instâncias comunitárias.

Neste contexto, mediante mencionada atitude normalizadora por parte de algumas instituições sociais, como partidos políticos, comunidade científica, organizações industriais e outras, forma-se aquilo que Ulrich Beck chama de uma "política de desintoxicação simbólica":

> Precisamente devido a sua explosividade no espaço social e político, perigos continuam objetos distorcidos, ambíguos, interpretáveis, relembrando criaturas mitológicas modernas, que agora parecem ser uma minhoca, já agora um dragão, dependendo da perspectiva e do estado de interesses. A ambiguidade dos riscos também tem suas bases nas revoluções que sua não ambiguidade oficial teve de provocar. As instituições da sociedade industrial desenvolvida — política, direito, engenharia, companhias industriais — dessa forma comandam um largo arsenal para 'normalizar' perigos não calculados. Eles podem ser subestimados, ter sua existência negada ou feitos anônimos causalmente e legalmente. Estes instrumentos de uma política de desintoxicação simbólica desfrutam correspondentemente de grande significado e popularidade (isto é mostrado por Fischer, 1989).[122]

Exposta a problemática dos riscos, cabe agora verificar sua relação com o quadro jurídico estatal que regula políticas de proteção em face dos mesmos. Tomando-se como parâmetro de análise o direito brasileiro, percebe-se certa inadequação da legislação para o trato dos complexos riscos que emergem da sociedade industrial desenvolvida. Inicialmente, constata-se que a responsabilidade civil extracontratual no Brasil é fundada essencial-

---

(122) BECK, Ulrich. *Op. cit.*, p. 57 (tradução livre). Conforme consta no original: "Precisely because of their explosiveness in social and political space, hazards remain distorted objects, ambiguous, interpretable, resembling modern mythological creatures, which now appear to be an earth-worm, now again a dragon, depending on perspective and the state of interests. The ambiguity of risks also has its basis in the revolutions which their official unambiguity had to provoke. The institutions of developed industrial society — politics, law, engineering sciences, industrial concerns — accordingly command a broad arsenal for 'normalizing' non-calculable hazards. They can be underestimated, compared out of existence or made anonymous causally and legally. These instruments of a symbolic politics of detoxification enjoy correspondingly great significance and popularity (this is shown by Fischer, 1989)".

mente na culpa (responsabilidade subjetiva), como demonstram os arts. 186 e 927 da Lei n. 10.406/02[123] (Código Civil). No entanto, em um cenário de riscos extremamente complexos e contingenciais, há grande dificuldade em se identificar agentes específicos causadores dos riscos para se aferir a culpa dos mesmos. Responder a perguntas como "quem é o responsável pela poluição do rio Tietê que corta o Estado de São Paulo?" não é tarefa fácil, o que tem implicações na atribuição de responsabilidades sobre a poluição.

No entanto, fazendo-se justiça ao legislador, impõe-se registrar que já é possível encontrar avanços significativos na legislação sobre a responsabilidade por danos ambientais. Cite-se como exemplo o art. 14, § 1º, da Lei n. 6.938/81, que regula a política nacional do meio ambiente. Este dispositivo estabelece que "Sem obstar a aplicação das penalidades previstas neste artigo, é o poluidor obrigado, independentemente da existência de culpa, a indenizar ou reparar os danos causados ao meio ambiente e a terceiros, afetados por suas atividades", consagrando, ao menos na esfera ecológica, a responsabilidade objetiva. Outro exemplo de responsabilidade independente da existência de culpa é previsto no art. 21, XXIII, da Constituição Federal de 1988 (CF/88), ao tratar sobre a responsabilidade civil por danos nucleares.

No que diz respeito ao meio ambiente do trabalho a matéria é polêmica, para o que contribui a redação do art. 7º, XXVIII, da CF/88, que dispõe sobre a indenização referente a acidentes de trabalho. Consta no referido artigo que são direitos dos trabalhadores urbanos e rurais, além de outros que visem à melhoria de sua condição social, "seguro contra acidentes de trabalho, a cargo do empregador, sem excluir a indenização a que este está obrigado, quando incorrer em dolo ou culpa". Daí as controvérsias sobre a possibilidade de responsabilidade objetiva na seara laboral, tendo-se em vista que a literalidade do artigo referido parece consagrar a responsabilidade subjetiva, ao menos no que concerne a acidentes de trabalho. A jurisprudência trabalhista, em alguns julgados merecedores de louvor, tem mitigado a exigência de culpa do responsável em casos de acidente de trabalho, para

---

(123) O texto dos artigos referidos é o seguinte: "Art. 186. Aquele que, por ação ou omissão voluntária, negligência ou imprudência, violar direito e causar dano a outrem, ainda que exclusivamente moral, comete ato ilícito". "Art. 927. Aquele que, por ato ilícito (arts. 186 e 187), causar dano a outrem, fica obrigado a repará-lo. Parágrafo único. Haverá obrigação de reparar o dano, independentemente de culpa, nos casos especificados em lei, ou quando a atividade normalmente desenvolvida pelo autor do dano implicar, por sua natureza, risco para os direitos de outrem." De acordo com o parágrafo único do art. 927, depreende-se que a regra é a responsabilidade baseada na culpa (subjetiva), sendo que, para haver responsabilidade sem culpa (objetiva), é necessário expressa previsão legal ou condições especiais da atividade do autor do dano, justamente por se tratarem de casos excepcionais.

o que se vale da aplicação subsidiária do direito civil comum, como o art. 927, parágrafo único, do Código Civil, mencionado acima (atividades que, por sua natureza, implicam riscos para os trabalhadores). No entanto, como se disse, a matéria é polêmica, muitas vezes deixando de ser analisada em cotejo com as demais normas relativas à tutela do meio ambiente como um todo.

Dessa forma, a novel configuração dos riscos ambientais, em especial daqueles riscos tecnologicamente induzidos, demanda uma nova estruturação do próprio direito ambiental na busca por uma tutela efetiva do meio ambiente. Há necessidade de se superar o modelo jurídico tradicional forjado com base em sociedades do final do século XIX e início do século XX, adequando-o às características da sociedade de risco contemporânea. A respeito desta necessidade de se repensar o direito ambiental em face dos novos riscos, são expressivas as palavras de Morato Leite:

> Dessa forma, é certo que toda essa difusão subjetiva, temporal e espacial das situações de risco e perigo conduz a pensar o meio ambiente de forma diferente, superando o modelo jurídico tradicional. Nesse sentido, o risco, atualmente, é um dos maiores problemas enfrentados quando se objetiva uma efetiva proteção jurídica do meio ambiente.[124]

Com esta nova conformação jurídica, o direito ambiental pode se afastar do que Morato Leite chama de uma "função meramente figurativa"[125] na organização social, criando a falsa impressão de uma proteção ampla e diligente por parte do Estado. Somente com a aceitação dos aspectos obscuros dos riscos — o que é auxiliado pelo pensamento sistêmico--complexo e pela consequente ampliação do horizonte informacional — é possível buscar-se uma compreensão mais precisa sobre os mesmos, proporcionando uma tutela concreta dos bens ambientais. Ocorre algo semelhante à "cegueira branca" de que fala José Saramago em seu instigante *Ensaio sobre a cegueira*[126], no qual os personagens passaram a compreender melhor o mundo que os cercava e a sua própria condição justamente quando admitiram que nada enxergavam.

Sem detrimento destes apontamentos, as reflexões sobre os aspectos político-jurídicos dos riscos trazem algumas questões relativas aos espaços de discussão destinados às decisões políticas e aqueles destinados às decisões técnicas. Não raro as duas instâncias reivindicam a supremacia de uma em

---

(124) LEITE, José Rubens Morato. O*p. cit.*, p. 133.
(125) *Ibidem*, p. 135.
(126) SARAMAGO, José. *Ensaio sobre a cegueira:* romance. São Paulo: Companhia das Letras, 1995.

relação à outra. O discurso técnico menospreza conhecimentos afastados dos dogmas da ciência clássica, apregoando uma retirada do processo decisional sobre os riscos do âmbito da participação popular. Já a esfera política, em inúmeros casos, cede às pressões de grupos hegemônicos em detrimento de estudos técnicos que embasem suas conclusões em pontos de vista outros que não o econômico.[127]

Neste ponto, afigura-se importante uma conjugação de critérios técnicos e políticos no manejo dos riscos, em especial dos riscos ambientais. A ciência deve fornecer parâmetros que embasem as deliberações da sociedade a respeito dos diversos riscos, sem que isso signifique um "governo dos técnicos". Inclusive a construção de modelos jurídicos que versem sobre a tutela do meio ambiente tem que ser franqueada à participação popular o máximo possível, pois, em última análise, os riscos atingem a todos (produtores e consumidores, patrões e empregados, gestores públicos e demais cidadãos, etc.).

Sobre o poder de alcance e penetração social dos riscos, é possível afirmar que os grandes riscos tecnológicos não conhecem fronteiras sociais ou distinções de gênero, raça, idade ou crença religiosa. Na ocorrência de um desastre nuclear, certamente não haveria nenhum tipo de "seletividade" entre os afetados. Os riscos têm o poder de destruir as diversas categorias de diferenciação social organizadas durante séculos e cimentadas com a argamassa de preconceitos, marginalização econômica, religiosa e política, dentre outras. Discorrendo sobre as questões surgidas na sociedade de risco (políticas, estruturas sociais, conflitos), Ulrich Beck menciona, não sem uma fina ironia, o "sentido democrático" de seus perigos:

> [...] Contaminação nuclear, entretanto, é igualitária e naquele sentido 'democrático'. Nitratos no lençol freático não param na torneira de água dos diretores gerais (ver Beck, 1992: cap. 1).

---

(127) Tecendo considerações sobre os espaços reservados à política e à ciência no que tange ao trato dos riscos, ensina Marie-Angèle Hermitte que "Do ponto de vista jurídico, a perícia não tem nenhuma vocação particular para entrar nas funções de governo. A avaliação científica dos riscos deve ser 'objetiva, sincera, independente e de nível internacional' (e até contraditória e pública). Quanto à decisão governamental que se baseia na perícia, é de outra natureza. Com efeito, nenhuma perícia prévia, por mais completa e bem feita que seja, permite deduzir racionalmente uma decisão, pois ela faz surgir elementos puramente políticos: o nível de risco que se pode aceitar, a escolha entre dois riscos, a apreciação das vantagens em relação aos riscos, a consideração dos efeitos socioeconômicos de cada escolha, etc. Estas escolhas não evidentes que questionam a segurança das pessoas e dos bens pertencem ao domínio do poder executivo que assume a responsabilidade penal e política de suas consequências (o Estado, como pessoa moral, assumindo a responsabilidade no sentido do direito administrativo). Contudo, não é nestes termos, mas em termos de eficiência, que a questão do lugar e da organização da perícia, em relação à decisão política, foi colocada até aqui, provocando uma controvérsia" (HERMITTE, Marie-Angèle, *Op. cit.*, p. 38-39).

Todo sofrimento, toda miséria, toda violência infligida por pessoas sobre outras pessoas a este ponto reconheceram a categoria do Outro — trabalhadores, Judeus, negros, exilados, dissidentes, e outros — e aqueles aparentemente não afetados podem se esconder atrás desta categoria. *O 'fim do Outro', o fim de todas nossas oportunidades de distanciamento de nós mesmos cuidadosamente cultivadas, é o que nós nos tornamos aptos a experimentar com o advento da contaminação nuclear e química.* Miséria pode ser marginalizada, mas isto não é mais verdade dos riscos na era da tecnologia nuclear, química e genética. É neste ponto que a força política peculiar e nova daquelas ameaças engana. Seu poder é o poder da ameaça, que elimina todas as zonas protetivas e diferenciações sociais dentro e entre Estados-nação.[128] (grifado no original)

Em face de constatações como estas, que reconhecem a abrangência ilimitada dos riscos e sugerem o "fim do Outro" enquanto categoria do pensamento, é possível falar-se em uma nova ética proporcionada pelo risco. Uma "ética do risco" deve ser, antes de tudo, inclusionista, reconhecendo a condição semelhante em que todos os seres humanos se encontram no que tange aos grandes riscos da sociedade industrialmente desenvolvida.

Também nesta linha de entendimento, este novo patamar de eticidade permite extravasar as fronteiras do Estado-nação[129], fundamentando um projeto global de administração dos riscos, o que é bem ilustrado na seara ambiental pelo que se convencionou chamar de "transnacionalização ecológica". Aqui, mais uma vez, a informação surge como base para estes

---

(128) BECK, Ulrich. *Op. cit.*, p. 61-62 (tradução livre). Conforme consta no original: "[...] Nuclear contamination, however, is egalitarian and in that sense 'democratic'. Nitrates in the ground water do not stop at the general director's water tap (see Beck, 1992: ch. 1). All suffering, all misery, all violence inflicted by people on other people to this point recognized the category of the Other — workers, Jews, blacks, asylum-seekers, dissidents, and so forth — and those apparently unaffected could retreat behind this category. The 'end of the Other', the end of all our carefully cultivated opportunities for distancing ourselves, is what we have become able to experience with the advent of nuclear and chemical contamination. Misery can be marginalized, but that is no longer true of hazards in the age of nuclear, chemical and genetic technology. It is there that the peculiar and novel political force of those threats lies. Their power is the power of threat, which eliminates all the protective zones and social differentiations within and between nation-states".

(129) Nesse sentido é a observação de Ulrich Beck: "A fase das políticas da sociedade de risco que está começando a se fazer ouvida hoje na arena do desarmamento e aproximação no relacionamento Leste--Oeste não pode mais ser entendida nacionalmente, mas apenas internacionalmente, porque as mecânicas sociais das situações de risco desconsideram o Estado-nação e seus sistemas de alianças" (*Ibidem*, p. 65, tradução livre). Conforme consta no original: "The phase of risk society politics which is beginning to make itself heard today in the arena of disarmament and detente in the East-West relationship can no longer be understood nationally, but only internationally, because the social mechanics of risk situations disregards the nation-state and its alliance systems".

projetos mais ambiciosos de tutela do meio ambiente em um nível abrangente de ação. De acordo com as palavras de Ernani Bonesso e Jerônimo Tybusch, é possível constatar que:

> Conforme preconizamos nesta exposição, a informação é condição sem a qual não podemos perceber o fenômeno da transnacionalização ecológica. A troca viável de informações na sociedade globalizada somente pode ocorrer mediante processos democráticos de troca e interação acerca da problemática ambiental. Não há outra forma para perceber as redes sistêmico-complexas que envolvem a ecologia em sua forma global senão possibilitando espaços dialógico-dialéticos de atuação.[130]

Esta nova visão dos riscos ambientais e de seu caráter universal, transpondo barreiras socialmente estabelecidas e embasando a construção de uma ética remodelada, pode contribuir para uma maior democratização da sociedade. Sendo os riscos uma noção universalizada, o acesso ao debate sobre os mesmos não pode ser negado aos diversos atores sociais que se movem nos quadros da sociedade. Perdem força os conceitos científicos pretensamente unívocos produzidos pela ciência ligada ao poder político-econômico estabelecido, abrindo-se a oportunidade de manifestação a vozes sociais dissidentes.

O discurso técnico precisa legitimar-se socialmente, levando em consideração as construções das diferentes culturas populares que trazem uma rica vivência dos assuntos ambientais. Mediante a conscientização social proporcionada pela informação ambiental, os indivíduos podem retomar a "autonomia de seu próprio julgamento"[131], antes usurpada pelas instâncias científicas dominantes. Aqui é possível falar em uma "extensão ecológica da democracia", assim explicada por Ulrich Beck:

> A extensão ecológica da democracia então significa: eliminação do acordo de vozes e poderes, o desenvolvimento da independência de políticas, direito, a esfera pública e vida diária contra a perigosa e falsa segurança de uma "sociedade concebida em abstrato".
>
> Minha sugestão contém dois princípios interligados: primeiro, realizar uma divisão de poderes e, segundo, a criação de uma esfera pública. Somente um debate público forte, competente,

---
(130) ARAUJO, L. E. B. de; TYBUSCH, J. S. Op. cit., p. 96.
(131) A expressão, dentre tantas outras de igual brilho, é apresentada por BECK, Ulrich. Op. cit., p. 71.

"armado" com argumentos científicos, é capaz de separar o joio do trigo científico e liberar as instituições para direcionando tecnologia — política e direito — reconquistar o poder de seu próprio julgamento.⁽¹³²⁾

Como se depreende da citação acima, a concretização de uma extensão ecológica da democracia baseia-se em uma visão plural da sociedade, aberta às diferenças e incongruências que constroem a riqueza da vivência comunitária.

Quanto à temática informacional propriamente dita, percebe-se que o reconhecimento da complexidade que tece as tramas do tecido social e da vida como um todo, e dos riscos ambientais a que as sociedades estão expostas, muitos deles desconhecidos, possibilita a busca de informações mais precisas, necessitadas de constante complementação.

Como encerramento deste capítulo é importante frisar que o pensamento sistêmico, a teoria da complexidade e a noção de "risco" não trazem todas as respostas para os problemas relativos à efetivação do direito à informação no meio ambiente do trabalho. Seu mérito está em se apresentarem como ferramentas poderosas para o alargamento do horizonte informacional estabelecido, possibilitando que sejam aprofundados os debates sobre a informação na seara do ambiente laboral.

Lançadas as bases teóricas para a construção de um entendimento mais amplo sobre a informação ambiental, parte-se para o estudo de suas peculiaridades no que tange ao campo trabalhista. A compreensão do meio ambiente do trabalho sob a ótica do sistema constitucional brasileiro contemporâneo, as características de uma informação ambiental laboral calcada em uma nova racionalidade, e as perspectivas para a efetivação do acesso à informação no meio ambiente do trabalho são os temas abordados no terceiro e último capítulo deste estudo.

---

(132) *Ibidem*, p. 70 (tradução livre). Conforme consta no original: "The ecological extension of democracy then means: playing off the concert of voices and powers, the development of the independence of politics, law, the public sphere and daily life against the dangerous and false security of a 'society conceived in the abstract'. My suggestion contains two interlocking principles: first, carrying out a division of powers and, second, the creation of a public sphere. Only a strong, competent public debate, 'armed' with scientific arguments, is capable of separating the scientific wheat from the chaff and allowing the institutions for directing technology — politics and law — to reconquer the power of their own judgment".

Capítulo 3

A Efetivação do Direito à Informação no Meio Ambiente do Trabalho

A última parte deste estudo aborda de maneira mais direta e incisiva as questões informacionais no âmbito do meio ambiente do trabalho. Como premissa necessária a um melhor enfrentamento do assunto, é analisada a ideia de ambiente laboral sob o ponto de vista do constitucionalismo brasileiro contemporâneo, de modo a buscar os contornos dados à matéria pela Constituição de 1988 (seção 3.1). Após, parte-se para a discussão específica da informação ambiental trabalhista e de algumas de suas características; tendo-se por objetivo um tratamento mais adequado das questões suscitadas pela procura de efetivação do direito à informação na seara laboral, inclusive mediante a construção de uma nova racionalidade ambiental (seção 3.2). Por fim, é exposto um panorama sobre as perspectivas de concretização do acesso à informação no meio ambiente do trabalho; o que é feito a partir de uma análise conjugada do agir Estatal e da atuação da sociedade (seção 3.3).

3.1. A COMPREENSÃO DO MEIO AMBIENTE DO TRABALHO NO CONSTITUCIONALISMO CONTEMPORÂNEO BRASILEIRO

Após a análise da importância da informação nas sociedades da atualidade, especialmente na seara ambiental; das implicações teóricas advindas da abordagem científica sistêmica; bem como da complexidade e dos riscos que medram no mundo atual, marcado pelos avanços tecnológicos; é chegado o momento de tecer algumas considerações sobre o meio ambiente do trabalho e seu delineamento junto ao sistema constitucional brasileiro contemporâneo.

Antes, porém, de se partir para um estudo específico do meio ambiente laboral, é importante registrar suas conexões com o meio ambiente em geral. Como será visto mais adiante, a categoria "meio ambiente do trabalho" é apenas um aspecto do todo denominado "ambiente", cuja individualização tem sido utilizada pela doutrina do direito ambiental para fins de melhor identificar as atividades poluidoras e os bens ambientais imediatamente agredidos. Ademais, seria mesmo contraditório estudar o ambiente laboral de maneira isolada e descontextualizada em uma pesquisa que versa sobre teoria sistêmica, complexidade e riscos.

Esta observação inicial da ligação entre meio ambiente do trabalho e meio ambiente visto como um todo tem por objetivo aplicar àquele algumas valiosas construções doutrinárias a respeito deste. Um dos mais relevantes aportes da teoria jurídica à temática ambiental é a afirmação do direito a um meio ambiente ecologicamente equilibrado como um direito fundamental[133] dos indivíduos, ligado à própria dignidade humana. Como afirma Fernanda Luiza Fontoura de Medeiros, "Podemos qualificar o direito à proteção ambiental como um legítimo direito fundamental, uma vez que diz diretamente com a própria dignidade da vida".[134]

Sob esta ótica e de acordo com a clássica divisão dos direitos fundamentais em dimensões[135], o direito ao meio ambiente hígido tem sido elencado

---

(133) A respeito das divergências de nomenclatura na análise dos direitos fundamentais, são importantes os esclarecimentos de Ingo Wolfgang Sarlet, os quais embasam as opções terminológicas utilizadas neste texto: "Assim, com base no exposto, cumpre traçar uma distinção, ainda que de cunho predominantemente didático, entre as expressões 'direitos do homem' (no sentido de direitos naturais não, ou ainda não positivados), 'direitos humanos' (positivados na esfera do direito internacional) e 'direitos fundamentais' (direitos reconhecidos ou outorgados e protegidos pelo direito constitucional interno de cada estado)" (SARLET, Ingo Wolfgang. *A eficácia dos direitos fundamentais*. 9. ed. Porto Alegre: Livraria do Advogado, 2008. p. 36).
(134) MEDEIROS, Fernanda Luiza Fontoura de. *Meio ambiente:* direito e dever fundamental. Porto Alegre: Livraria do Advogado, 2004. p. 114.
(135) Utiliza-se aqui o termo *dimensão* ao invés de *geração*, também difundido na doutrina sobre os direitos fundamentais, pois o epíteto geração, ligado à ideia de sucessão no tempo, pode, em certos

como de terceira dimensão. Estes direitos, evocando ideias relativas à solidariedade entre os seres humanos, trazem como nota distintiva uma titularidade coletiva, até mesmo difusa. Não concernem a sujeitos individualizados, mas sim à coletividade como um todo; o que, evidentemente, não anula a sua fruição no nível individual. Neste sentido é a lição do professor Ingo Sarlet:

> Os direitos fundamentais da terceira dimensão, também denominados de direitos de fraternidade ou de solidariedade, trazem como nota distintiva o fato de se desprenderem, em princípio, da figura do homem-indivíduo como seu titular, destinando-se à proteção de grupos humanos (família, povo, nação), e caracterizando-se, consequentemente, como direitos de titularidade coletiva ou difusa.[136]

Segundo esta linha de entendimento, e considerando que a própria opção terminológica pela expressão "direitos fundamentais" indica sua consagração em nível constitucional, surgem indagações sobre o sentido filosófico e os valores que subjazem ao direito ao meio ambiente equilibrado enquanto direito fundamental. Em meio a inúmeras opções de configuração, o legislador constituinte pode moldar a tutela aos bens ambientais com base em considerações antropocêntricas, entendendo a natureza a partir de um ponto de vista meramente instrumental à vivência humana (ecologia rasa, conforme seção 2.1). Por outro lado, é possível estruturar o direito ao meio ambiente a partir do ponto de vista da ecologia profunda, considerando o ser humano como apenas mais um dos fios da extensa e complexa teia da vida, de acordo com os apontamentos feitos sobre este viés do pensamento ecológico também na seção 2.1.

Por certo que estas duas concepções — a antropocêntrica e a da ecologia profunda — não esgotam os debates relativos à espécie de tutela destinada ao meio ambiente, ainda mais em contextos marcados com a nota da complexidade, sempre avessa a opções maniqueístas. Pode-se falar, por exemplo, em diferentes graus de antropocentrismo se não se deseja aderir completamente às noções da ecologia profunda, apesar de esta apresentar vários pontos positivos, consoante salientado linhas acima.

Dessa forma, a doutrina do direito ambiental, igualmente valiosa para o meio ambiente do trabalho, trata da existência de um "antropocentrismo

---

casos, levar a crer que direitos fundamentais de gerações mais "recentes" viriam substituir os das gerações anteriores, o que não se amolda às noções de complementaridade e de indivisibilidade que marcam o estudo destes direitos.
(136) SARLET, Ingo Wolfgang. *Op. cit.*, p. 56.

alargado". Esta figura intermediária entre o antropocentrismo tradicional e a ecologia profunda continua considerando a tutela ambiental como fundamental ao ser humano, porém, propõe uma revalorização dos bens ambientais, atribuindo-lhes um valor intrínseco que extravasa a esfera econômica e os insere na categoria dos elementos indispensáveis à própria dignidade humana.

Mediante uma análise sistemática da Constituição Federal (CF/88), é possível afirmar que a mesma se aproxima da adoção de um antropocentrismo alargado no que diz respeito à tutela do meio ambiente. Para sustentar esta afirmativa, tomam-se de empréstimo as significativas palavras de Morato Leite, transcritas a seguir:

> A Carta de 1988 adotou o "antropocentrismo alargado" porque considerou o ambiente como bem de uso comum do povo, atribuindo-lhe inegável caráter de *macrobem*. O art. 225 estabelece uma visão ampla de ambiente, não restringindo a realidade ambiental a mero conjunto de bens materiais (florestas, lagos, rios) sujeitos ao regime jurídico privado, ou mesmo público *stricto sensu*; pelo contrário, confere-lhe caráter de unicidade e de titula-ridade difusa. Nessa perspectiva difusa de *macrobem*, o ambiente passa a possuir um valor intrínseco. [...]
>
> Nota-se, assim, que a Constituição brasileira não deixa de adotar o antropocentrismo no que concerne ao ambiente. Entretanto, o antropocentrismo é alargado, não se restringindo o ambiente a mera concepção econômica ou de subalternidade direta a interesses humanos. Observa-se, plenamente, contudo, que a autonomia do ambiente, alçada no texto constitucional, é bastante diversa daquela propugnada pela ecologia profunda.[137] (grifado no original)

Com a adoção deste antropocentrismo alargado, o direito ambiental continua tendo como destinatário principal o homem.[138] No entanto, afasta-

---

(137) LEITE, José Rubens Morato. *Op. cit.*, p. 141.
(138) Deste modo, restam afastados, em uma análise inicial, os entendimentos que apregoam a titularidade de direitos a plantas e animais. Sobre a delicada temática dos "direitos dos animais", recorde-se o estudo referencial de François Ost, no qual o autor rechaça tal ideia, mesmo defendendo um novo modelo jurídico de grande respeito à natureza. Segundo Ost: "Conclusão: a linguagem normativa não é adequada, quando a aplicamos ao animal, senão nas paródias de justiça postas em cena nas fábulas. O animal bate-se pela vida, ele não pretende representar um valor. Assim como não pensaríamos em imputar-lhe uma falta ou em pôr a seu cargo um dever, também deveria parecer incongruente reconhecer-lhe um 'direito'. Na realidade, os 'direitos' que alguns se aprazem em atribuir aos animais, não são mais do que a contrapartida puramente lógica e formal, o efeito reflexo de algum modo, dos

-se de visões meramente utilitárias da natureza, reconhecendo um valor imanente aos bens ambientais e sua importância decisiva para a própria vida das pessoas e sua dignidade. Não mais se justificam atos predatórios contra o meio ambiente, assim como a poluição passa a ser considerada de maneira mais ampla, atingindo todo o ecossistema e influenciando de maneira decisiva (e negativa) os seres humanos na busca por uma existência digna.

Em virtude da riqueza temática relacionada ao meio ambiente, em especial no que tange à multiplicidade de agentes poluidores e aos diversos bens ambientais a serem tutelados, é assente no estudo do direito ambiental a sua divisão em diferentes "aspectos". A divisão, antes de representar um entendimento fragmentado do ambiente, traduz um recurso didático para sua melhor compreensão e estruturação de modos de tutela. Dessa forma, resguarda-se a unidade do meio ambiente, calcada em uma visão sistêmico--complexa, ao mesmo tempo em que se permite uma maior desenvoltura no trato dos diferentes tipos de riscos que o assolam.

É clássica no direito brasileiro a classificação do meio ambiente proposta por Celso Antonio Pacheco Fiorillo. Tomando o termo "meio ambiente" como um conceito jurídico indeterminado, cujo preenchimento cabe ao intérprete, Fiorillo apresenta a seguinte classificação[139]: meio ambiente natural ou físico (formado pela atmosfera, pelos elementos da biosfera, pelas águas, inclusive pelo mar territorial, pelo solo, pelo subsolo, abrangendo também recursos minerais, pela fauna e pela flora); meio ambiente artificial (compreendido pelo espaço urbano construído, formado por edificações e espaços urbanos abertos); meio ambiente cultural (delineado pelo art. 216 da CF/88, compreendendo formas de expressão, sítios de valor histórico, paisagístico, artístico, arqueológico, paleontológico, ecológico, científico, etc.); e o meio ambiente do trabalho, estudado a seguir.

O meio ambiente do trabalho foi destinatário de expressa atenção do legislador constitucional brasileiro. Ao tratar sobre as incumbências do Sistema Único de Saúde, dispôs a atual Constituição que lhe compete, além de outras atribuições, nos termos da lei, colaborar na proteção do meio

---

deveres que, a justo título, nos impomos a seu respeito. Uma vez que temos deveres, eles devem ter direitos, pensar-se-á. E, no entanto, essa lógica sinalagmática não é aplicável, a partir do momento em que prevalece a assimetria radical dos parceiros *nesta relação* (há assimetria na relação dos valores, dos direitos, dos deveres; em contrapartida, em outras relações, como a do jogo, por exemplo, podem observar-se formas bastante conseguidas de cumplicidade e de reciprocidade entre o homem e o animal)" (grifado no original) (OST, François. *A natureza à margem da lei:* a ecologia à prova do direito. Trad. Joana Chaves. Lisboa: Instituto Piaget. 1997. p. 264) .

[139] Conforme se encontra em FIORILLO, Celso Antonio Pacheco. *Curso de direito ambiental brasileiro*. 9. ed. São Paulo: Saraiva, 2008. p. 20-23, *passim*.

ambiente, nele compreendido o do trabalho (art. 200, VIII, da CF/88). De uma só vez o ambiente laboral ganhou consagração constitucional explícita e teve reconhecida sua inserção no âmbito maior de significados representado pelo meio ambiente em geral.

A respeito do significado da noção de meio ambiente do trabalho no âmbito constitucional pátrio, foco desta seção, é oportuno lembrar a classificação dos diferentes aspectos do meio ambiente proposta por Celso Fiorillo, conforme mencionada acima. Segundo seus ensinamentos:

> Constitui meio ambiente do trabalho o local onde as pessoas desempenham suas atividades laborais relacionadas à sua saúde, sejam remuneradas ou não, cujo equilíbrio está baseado na salubridade do meio e na ausência de agentes que comprometam a incolumidade físico-psíquica dos trabalhadores, independente da condição que ostentem (homens ou mulheres, maiores ou menores de idade, celetistas, servidores públicos, autônomos etc.).[140]

Em parte por causa deste relevo destinado ao ambiente laboral na lei suprema brasileira, o mesmo vem sendo objeto de uma atenção cada vez maior no cenário jurídico pátrio. Registre-se que, se a salubridade do ambiente de trabalho já conta com antiga tradição de tutela legal no Brasil, somente nos últimos anos — em especial após o aprimoramento dos debates ambientais nacionais e internacionais e a promulgação da CF/88 — o local em que o labor humano é prestado passou a ser entendido como integrante do meio ambiente genericamente considerado.

Assim, houve um incremento quantitativo e qualitativo na regulação jurídica pertinente, ao mesmo tempo em que cresceu a produção científica relacionada ao meio ambiente do trabalho. Na atualidade, se os estudos jurídicos sobre o ambiente laboral ainda não podem ser considerados abundantes, o certo é que vêm apresentando um acréscimo significativo ano após ano.

---

(140) FIORILLO, Celso Antonio Pacheco. *Op. cit.*, p. 22. Nos domínios do direito ambiental constitucional, colhe-se outra importante referência sobre o meio ambiente do trabalho, fornecida por José Afonso da Silva: "Merece referência, em separado, *o meio ambiente do trabalho* como o local em que se desenrola boa parte da vida do trabalhador, cuja qualidade de vida está, por isso, em íntima dependência da qualidade daquele ambiente. É um meio ambiente que se insere no artificial, mas digno de tratamento especial, tanto que a Constituição o menciona explicitamente no art. 200, VIII, ao estabelecer que uma das atribuições do sistema único de saúde consiste em colaborar na proteção do ambiente, nele compreendido o do trabalho. O ambiente do trabalho é protegido por uma série de normas constitucionais e legais destinadas a garantir-lhe condições de salubridade e de segurança" (grifado no original) (SILVA, José Afonso da. *Direito ambiental constitucional.* 2. ed. São Paulo: Malheiros, 1997. p. 4-5).

Desse modo, a honrosa literatura nacional especializada em meio ambiente do trabalho apresenta grandes contribuições para o entendimento da matéria, inclusive no que concerne à sua consagração como destinatário de atenção do constitucionalismo contemporâneo brasileiro. Inicialmente, indica-se uma caracterização abrangente do meio ambiente laboral fornecida por Júlio César Sá da Rocha:

> Com efeito, caracteriza-se, pois, como a soma das influências que afetam diretamente o ser humano, desempenhando aspecto chave na prestação e *performance* do trabalho. Pode-se, simbolicamente, afirmar que o meio ambiente de trabalho constitui o *pano de fundo* das complexas relações biológicas, psicológicas e sociais a que o trabalhador está submetido.
>
> Claro que não pode ser compreendido como algo estático, pelo contrário, constitui *locus* dinâmico, formado por todos os *componentes* que integram as relações de trabalho e que tomam uma forma no dia a dia laboral, como a maquinaria, as matérias-primas, a clientela, os trabalhadores, os inspetores, a chefia. Todos constituem peças que podem ser encontradas no local de trabalho.[141] (grifado no original)

Percebe-se que o ambiente laboral não envolve apenas o *locus* físico em que o trabalho é prestado. Em sua análise, são agregadas considerações sobre fatores psicológicos (talvez trazidos de fora como, por exemplo, da vivência privada do trabalhador), bem como são levadas em conta as relações sociais que envolvem os indivíduos. Ademais, o meio ambiente do trabalho é visto sob uma perspectiva dinâmica, com fluxos de matéria (mercadorias, insumos, etc.) e energia (movimentada por clientes, trabalhadores e outros).

Nesta mesma linha de raciocínio, e tendo em vista a articulação entre meio ambiente e meio ambiente do trabalho, a higidez do "hábitat laboral" está intimamente ligada à sadia qualidade de vida dos seres humanos. Afinal, é em seu local de trabalho que o trabalhador passa uma grande parte de sua vida. Aqui merece destaque a lição de Liliana Allodi Rossit, na qual explicita esta relação de gênero-espécie entre o meio ambiente geral e o do trabalho, analisando ambos sob o prisma da sadia qualidade de vida:

> De fato, como foi apresentado, tudo o que estiver ligado à sadia qualidade de vida insere-se no conceito de meio ambiente, sendo

---

(141) ROCHA, Julio César Sá da. *Direito ambiental do trabalho:* mudança de paradigma na tutela jurídica à saúde do trabalhador. São Paulo: LTr, 2002. p. 127.

> o *meio ambiente de trabalho* apenas uma concepção mais específica, ou seja, a parte do direito ambiental que cuida das condições de saúde e vida no trabalho, local onde o ser humano desenvolve suas potencialidades, provendo o necessário ao seu desenvolvimento e sobrevivência. Não se limita ao empregado; todo trabalhador que cede a sua mão de obra exerce sua atividade em um ambiente de trabalho. [...] Este complexo de bens pode ser agredido tanto por fatores internos, quanto externos. Tratando-se do local em que o trabalhador passa boa parte de sua vida, as condições do ambiente relacionar-se-ão diretamente com as suas condições físicas e psíquicas. E mais, tais condições — internas — poderão influenciar e sofrer influências das condições externas, existindo, com isso, uma interação. Dessa forma, quando se fala em meio ambiente de trabalho, fala-se de uma concepção que integra o meio ambiente.[142] (grifado no original)

Estes apontamentos deixam claro que a degradação do ambiente laboral ultrapassa as fronteiras do local de trabalho e a esfera jurídica dos trabalhadores. Isto é facilmente perceptível quando se atenta para o fato de que, uma vez ocorrendo um acidente do trabalho (típico ou por equiparação, como as doenças profissionais e do trabalho), há a possibilidade da concessão de benefícios previdenciários, onerando todo o sistema da previdência social oficial e, por via reflexa, toda a sociedade. Além disso, a degradação do ambiente de trabalho gera demandas de atendimento para o Sistema Único de Saúde (SUS), ao qual recorre a maioria dos trabalhadores brasileiros, pois não têm condições de custear planos de saúde privados. Com isso, ocupam-se recursos e leitos que poderiam ser destinados a outros cidadãos se houvesse uma proteção diligente do ambiente laboral.

Somando-se a estas consequências, é de se ressaltar que o trabalhador não é um ser isolado em sua existência. Ele está inserido em uma comunidade (bairro, clube de lazer, comunidade religiosa e outras), possuindo uma vida social que pode ser severamente afetada por problemas inicialmente surgidos no meio ambiente do trabalho. Afora os aspectos biológicos e físicos, há a possibilidade de danos psicológicos em razão de um ambiente laboral viciado, como ocorre nos casos relativos ao assédio moral e outras fontes causadoras de estresse e disfunções psíquicas.

Por fim, é de se registrar que a falta de cuidados com o meio ambiente do trabalho pode ocasionar grandes danos ambientais ao seu exterior. Muitas

---

(142) ROSSIT, Liliana Allodi. *O meio ambiente de trabalho no direito ambiental brasileiro*. São Paulo: LTr, 2001. p. 67.

vezes as discussões sobre a prevenção de danos ao ambiente não consideram que é justamente no ambiente laboral em que são gerados muitos dos grandes riscos existentes nas sociedades industriais. Imagine-se o potencial de degradação ambiental dos produtos manipulados pela indústria química, siderúrgica, petrolífera, dentre outras. É possível desenvolver a noção de *danos irradiantes*, sendo assim considerados aqueles que se iniciam no âmbito do local de trabalho e irradiam seus efeitos para toda a sociedade. Com isso, o meio ambiente do trabalho deve ser merecedor de grande atenção da coletividade, seja pela necessidade de preservação da vida dos trabalhadores, seja também pela necessidade de se evitarem catástrofes ambientais.

Aqui são oportunas as contribuições teóricas trazidas pelo pensamento sistêmico, evidenciando as conexões entre meio ambiente do trabalho e seu meio exterior. Segundo será retomado na seção 3.2, o local de trabalho (urbano ou rural) pode ser visto como um sistema em constante troca de matéria e energia com o ambiente externo. No momento, basta que fique clara a pertinência da visão sistêmica para entender as imbricações entre o ambiente laboral e o meio ambiente genericamente considerado.[143] Assim, é possível transportar a própria ideia de ecossistema para o meio ambiente do trabalho, como o faz Norma Sueli Padilha:

> A concepção de meio ambiente envolve sempre a existência de *ecossistemas*, que por sua vez, implicam a "circulação, a transformação e a acumulação de energia e matéria através da inter-relação das coisas vivas e de suas atividades". Ao transportarmos tal concepção para o meio ambiente do trabalho, podemos então vislumbrá-lo, como o *ecossistema* que envolve as interrelações da força do trabalho com os meios e formas de produção, e sua afetação no meio ambiente em que é gerada. O meio ambiente do trabalho compreenderia assim, a inter-relação da força do trabalho humano (energia) e sua atividade no plano econômico através da produção (matéria), afetando o seu meio (ecossistema).[144]

Dando seguimento à análise e compreensão do meio ambiente do trabalho tendo como pano de fundo o panorama constitucional brasileiro, é

---

[143] Sobre este assunto cite-se, dentre outras já mencionadas neste estudo, a lição de Sidnei Machado que, em excelente monografia sobre o tema, reconhece a inserção do local de trabalho em um meio mais amplo, capaz de lhe influenciar desde um ponto de vista externo, o que pode indicar o início de uma visão sistêmica. Conforme suas palavras: "Assim, compreende-se como meio ambiente de trabalho o conjunto das condições internas e externas do local de trabalho e sua relação com a saúde dos trabalhadores" (MACHADO, Sidnei. *O direito à proteção ao meio ambiente de trabalho no Brasil*: os desafios para a construção de uma racionalidade normativa. São Paulo: LTr, 2001. p. 66).
[144] PADILHA, Norma Sueli. *Do meio ambiente do trabalho equilibrado*. São Paulo: LTr, 2002. p. 45.

interessante identificar qual seria o objeto de tutela a ser preservado quando se trata do ambiente laboral. Busca-se identificar, portanto, o bem ambiental na seara trabalhista. A categoria de "bem ambiental" no direito brasileiro é muito bem trabalhada por Celso Fiorillo, que o traz como uma inovação da Carta Magna de 1988. De acordo com seus ensinamentos, a CF/88, ao estipular que o meio ambiente ecologicamente equilibrado é um bem de uso comum do povo e essencial à sadia qualidade de vida, criou uma nova espécie de bem jurídico ao lado das já existentes categorias dos bens públicos e bens privados.[145]

No que tange ao meio ambiente do trabalho, o bem ambiental a ser protegido é, antes de tudo, a própria vida dos trabalhadores. Adota-se, no particular, o entendimento de Raimundo Simão de Melo, para quem "No Direito do Trabalho, o bem ambiental envolve a vida do trabalhador como pessoa e integrante da sociedade, devendo ser preservado por meio da implementação de adequadas condições de trabalho, higiene e medicina do trabalho".[146]

Outro aspecto relevante em um estudo constitucional do meio ambiente do trabalho refere-se ao seu *status* na esfera da ordem econômica nacional. O ambiente laboral é dotado de valor autônomo dentro do arranjo econômico da sociedade, não podendo ser tomado como um mero elemento do processo de produção e circulação de bens.

Recorde-se que a ordem econômica disciplinada pela Constituição de 1988 — que está fundada na valorização do trabalho humano e na livre-iniciativa, buscando assegurar a todos uma existência digna conforme os ditames da justiça social — traz como um de seus princípios a defesa do meio ambiente, como textualmente dispõe o seu art. 170, VI. Sobre o significado de tal dispositivo, são importantes as palavras de Eros Roberto Grau ao comentar a ordem econômica na atual Constituição da República:

---

(145) Conforme o autor: "O art. 225 da Constituição Federal, reitere-se, ao estabelecer a existência jurídica de um bem que se estrutura como de uso comum do povo e essencial à sadia qualidade de vida, configurou nova realidade jurídica, disciplinando bem que não é público nem, muito menos, particular. Esse dispositivo fixa a existência de uma norma vinculada ao meio ambiente ecologicamente equilibrado, reafirmando, ainda, que *todos* são titulares desse direito. Não se reporta a uma pessoa individualmente concebida, mas sim a uma coletividade de pessoas indefinidas, o que demarca um critério transindividual, em que não se determinam, de forma rigorosa, os titulares do direito. [...] É, portanto, da somatória dos dois aspectos — bem de *uso comum do povo* e *essencial à sadia qualidade de vida* — que se estrutura constitucionalmente o bem ambiental" (grifado no original) (FIORILLO, Celso Antonio Pacheco. *Op. cit.*, p. 73-74).
(146) MELO, Raimundo Simão de. *Direito ambiental do trabalho e a saúde do trabalhador:* responsabilidades legais, dano material, dano moral, dano estético, indenização pela perda de uma chance, prescrição. 3. ed. São Paulo: LTr, 2008. p. 30.

O princípio da *defesa do meio ambiente* conforma a ordem econômica (mundo do ser), informando substancialmente os princípios da *garantia do desenvolvimento* e do *pleno emprego*. Além de objetivo, em si, é instrumento necessário — e indispensável — à realização do fim dessa ordem, o de *assegurar a todos existência digna*. Nutre também, ademais, os ditames da *justiça social*. Todos têm direito ao meio ambiente ecologicamente equilibrado, bem de uso comum do povo — diz o art. 225, *caput*.

O *desenvolvimento nacional* que cumpre realizar, um dos objetivos da República Federativa do Brasil, e o *pleno emprego* que impende assegurar supõem economia autossustentada, suficientemente equilibrada para permitir ao homem reencontrar-se consigo próprio, como ser humano e não apenas como um dado ou índice econômico.

Por esta trilha segue a chamada ética ecológica e é experimentada a perspectiva holística da análise ecológica, que, não obstante, permanece a reclamar tratamento crítico científico da utilização econômica do fator recursos naturais.[147] (grifado no original)

Percebe-se que, mesmo em tempos de grande força de visões economicistas de mundo, a tutela ambiental ainda conta com importante respaldo jurídico[148], condicionando os agentes econômicos; o que tem especial relevo para o meio ambiente do trabalho, pano de fundo do desenvolvimento capitalista.

---

(147) GRAU, Eros Roberto. *A ordem econômica na constituição de 1988:* interpretação e crítica. 8. ed. São Paulo: Malheiros, 2003. p. 219-220.

(148) Tal valorização autônoma do meio ambiente do trabalho em face de ponderações econômicas não é exclusividade brasileira, já tendo ocorrido também no direito comparado, como exemplifica a Comunidade Europeia por meio da antiga diretiva-quadro n. 89/391, aprovada no âmbito daquela comunidade. Comentando tal diretiva, esclarecem Massimo Roccella e Tiziano Treu que "No preâmbulo da diretiva se ressalta, à luz do art. 118-A do Tratado, o valor relativamente autônomo do objetivo do melhoramento das condições de segurança e saúde dos trabalhadores, afirmando-se que isso 'não pode depender de considerações de caráter puramente econômico'; sem esquecer de sublinhar, de outra parte, que também a ação comunitária na matéria pode reconduzir-se às finalidades de fundo do Tratado, já que a harmonização dos diversos sistemas legislativos pode ser funcional a evitar que se dê lugar a 'uma concorrência em prejuízo da segurança e da saúde'". (ROCCELLA, M.; TREU, T. *Diritto del lavoro della comunità europea*. 2. ed. Padova: Cedam, 1995. p. 297, tradução livre). Conforme consta no original: "Nel preambolo della direttiva si richiama, alla luce dell'art. 118 A del Trattato, il valore relativamente autonomo dell'obiettivo del miglioramento delle condizioni di sicurezza e salute dei lavoratori, affermandosi che esso 'non può dipendere da considerazioni di carattere puramente economico'; senza dimenticare di sottolineare, peraltro, che anche l'azione comunitaria in materia può ricondursi alle finalità di fondo del Trattato, giacché l'armonizzazione dei diversi sistemi legislativi può essere funzionale ad evitare che si dia luogo ad 'una concorrenza a scapito della sicurezza e della salute'".

Sem detrimento das considerações tecidas até aqui, um estudo sobre a conformação constitucional do meio ambiente do trabalho não poderia prescindir de analisar a tutela ambiental não somente como um direito fundamental — o que de fato é —, mas também como um dever fundamental. Em que pese a pouca atenção dada à temática dos deveres fundamentais de um modo geral, existem valiosas obras a respeito. No que concerne ao dever fundamental de tutela do meio ambiente, vale destacar o importante estudo de Fernanda Luiza Fontoura de Medeiros, já citado acima. Trazendo o meio ambiente sob a dupla perspectiva de direito e dever fundamental, assim leciona a autora:

> É imperioso ressaltar, ainda, que o direito à proteção ambiental caracteriza-se por ser um direito e um dever fundamental do homem. Através desta fundamentalidade somos, ao mesmo tempo, detentores de direito e obrigados a um dever. [...] Mais do que titulares de um direito fundamental, estamos eticamente obrigados a um dever fundamental de manter este planeta saudável e ecologicamente equilibrado, tentando colocar em prática esta complexa teia teórica que define o direito-dever fundamental de preservar o ambiente da vida.[149]

Desenvolvendo o ponto de vista do dever fundamental de tutela do meio ambiente, Fernanda Medeiros anota as seguintes características do citado dever: dever de cunho positivo e negativo, ora exigindo ações, ora reclamando omissões; aplicabilidade imediata em face da relevância de seu conteúdo; dever fundamental de caráter socioeconômico-cultural, vinculando o homem à coletividade por meio de concepções ético-jurídicas.[150]

O estudo dos deveres fundamentais traz à tona questões relativas à sua titularidade, o que interessa de perto a este estudo sobre o meio ambiente do trabalho. Aqui cabe responder quem seriam os titulares ativos e passivos do dever fundamental de tutelar o meio ambiente, nele incluído o do trabalho. A Constituição de 1988 traz um importante indicativo da resposta a esta pergunta.

Com efeito, ao dispor que "todos têm direito ao meio ambiente ecologicamente equilibrado, bem de uso comum do povo e essencial à sadia qualidade de vida, impondo-se ao Poder Público e à coletividade o dever de defendê-lo e preservá-lo para as presentes e futuras gerações"[151], o dever

---
(149) MEDEIROS, Fernanda Luiza Fontoura de. *Op. cit.*, p. 35.
(150) *Ibidem*, p. 130.
(151) Art. 225, *caput*, da CF/88.

de tutela é atribuído ao Estado e à coletividade, sendo que, em razão de sua natureza de direito difuso, todos são os beneficiários com tal dever de tutela. Ocorre uma verdadeira "confusão" na obrigação de tutelar o meio ambiente, confundindo-se credores e devedores. No entanto, ao contrário do que dispõe o art. 381 do Código Civil, neste caso a confusão não extingue a obrigação, reforçando-a graças à importância fundamental de um meio ambiente hígido para a vida e a dignidade dos seres humanos. Segue-se, no particular, a lição de Fernanda Medeiros, para quem:

> Assim, ao analisar a titularidade do dever fundamental de proteção ao meio ambiente, é de se reter na afirmação medular desse item, qual seja, a determinação de que a coletividade e o Estado, como Poder Público, são titulares ativos e passivos desse dever fundamental. E, quando nos referimos à coletividade, estamos incluindo todos os indivíduos de nossa sociedade, independentemente de sua capacidade política ou enquadramento político. A luta pela preservação do ambiente saudável e equilibrado entre homem e natureza, consubstanciado nesse dever fundamental, possui como titular a humanidade.[152]

Tendo em vista a concepção da tutela ao meio ambiente também como um dever fundamental, juntamente com sua ampla titularidade ativa e passiva, já se tem uma base teórica importante para a análise das tarefas que incumbem tanto ao Poder Público quanto à coletividade em sede de proteção ambiental, com ênfase para o meio ambiente do trabalho. As possibilidades de atuação do Estado e da sociedade são vastas na seara ecológica, o que será melhor analisado na seção 3.3 quando forem abordadas algumas perspectivas para a efetivação do direito à informação no meio ambiente do trabalho. Por ora, fica assentada a noção do meio ambiente ecologicamente equilibrado como direito-dever dos indivíduos, abrangendo o Estado, as organizações da sociedade civil e os particulares.

Finalmente, para não deixar de abordar aqui um dos grandes temas que figuram na pauta do constitucionalismo contemporâneo, registra-se a importância da chamada vinculação dos particulares aos direitos fundamentais.[153] Esta construção teórica pode representar uma valiosa

---

(152) MEDEIROS, Fernanda Luiza Fontoura de. *Op. cit.*, p. 141.
(153) Também conhecida como eficácia dos direitos fundamentais nas relações privadas, eficácia horizontal dos direitos fundamentais ou eficácia em relação a terceiros. Ingo Sarlet, em estudo pioneiro sobre o assunto na doutrina pátria, registra a falta de unanimidade terminológica no trato da matéria em SARLET, Ingo Wolfgang. Direitos fundamentais e direito privado: algumas considerações em torno da vinculação dos particulares aos direitos fundamentais. In: SARLET, Ingo Wolfgang (org.). *A Constituição concretizada*: construindo pontes com o público e o privado. Porto Alegre: Livraria do Advogado, 2000. p. 113-114.

contribuição para o entendimento da proteção ao meio ambiente do trabalho na perspectiva do arranjo constitucional pátrio, o que, consequentemente, também pode auxiliar a efetivação do direito à informação ambiental trabalhista.

Assim, tratar sobre a tutela do ambiente laboral — o que inclui a efetivação do direito à informação — é tratar, também, sobre a chamada vinculação dos particulares aos direitos fundamentais. Tem-se, por um lado, direitos fundamentais (o meio ambiente e a informação). Por outro lado, há relações entre particulares, com destaque para a relação de emprego[154], mesmo se considerando que o meio ambiente do trabalho não fica limitado ao vínculo de emprego tradicional, abarcando também situações de trabalho autônomo e outras modalidades de atividade.

A título de contextualização teórica, os debates sobre a vinculação dos particulares aos direitos fundamentais podem ser inseridos no âmbito maior de discussões que envolvem a chamada constitucionalização do direito privado. Tal fenômeno, mais do que o mero deslocamento da disciplina jurídica de alguns institutos para o seio da Constituição, representa uma verdadeira releitura do direito privado sob os auspícios constitucionais.[155]

A partir desta releitura do direito sob as luzes constitucionais, resta reforçada a tutela do meio ambiente do trabalho, especialmente nas relações entre particulares. Não se vislumbra nenhum óbice para a aplicação desta teoria aos chamados direitos de terceira dimensão, que incluem o meio ambiente. Nesse sentido recorde-se, novamente, a lição de Daniel Sarmento:

> Assim, considerando a moldura axiológica da Constituição de 1988, não vislumbramos nenhuma razão objetiva para excluir a eficácia direta e imediata dos direitos em questão nas relações privadas. Na nossa opinião, os particulares também estão vinculados a estes direitos, como ocorre tanto com o direito ao meio ambiente ecolo-

---

(154) Embora se reconheça a possibilidade da existência de relação de emprego entre um particular e uma pessoa jurídica de direito público (União, Estados, Municípios, Distrito Federal, inclusive em face da administração pública indireta representada por autarquias e fundações de direito público). Lembre-se aqui também a existência de empregados nas pessoas jurídicas de direito privado integrantes da administração pública indireta, como empresas públicas e sociedades de economia mista, que se sujeitam ao regime jurídico das empresas privadas no que concerne aos direitos e obrigações trabalhistas, conforme art. 173, §1º, II, da Constituição Federal de 1988.

(155) Citem-se, a respeito, os ensinamentos de Daniel Sarmento em obra de referência sobre o assunto no direito brasileiro: "Cumpre, por outra banda, destacar que a constitucionalização do Direito Privado não se resume ao acolhimento, em sede constitucional, de matérias que no passado eram versadas no Código Civil. O fenômeno é muito mais amplo, e importa na '(...) releitura do Código Civil e das leis especiais à luz da Constituição Republicana'. Propriedade, posse, contrato, empresa e família são exemplos de institutos centrais do Direito Privado, que terão de ser redefinidos para harmonizarem-se com os princípios solidarísticos inscritos na Constituição" (SARMENTO, Daniel. *Direitos fundamentais e relações privadas*. 2. ed. Rio de Janeiro: Lumen Juris, 2006. p. 76-77).

gicamente preservado (art. 225), como com o direito à promoção e proteção do patrimônio cultural (art. 215). Em relação ao meio ambiente, aliás, o constituinte foi expresso quando, no art. 225, estabeleceu que se impõe não apenas ao Poder Público, mas também à coletividade, o dever de defendê-lo e preservá-lo para as presentes e futuras gerações.[156]

A configuração constitucional do meio ambiente do trabalho no direito pátrio, aliando noções como direito e dever fundamental, conexão com a sadia qualidade de vida, inserção no contexto maior da sociedade, e vinculação dos particulares aos direitos fundamentais, dentre outros pontos aqui abordados, fornece um considerável respaldo jurídico para as iniciativas de tutela do ambiente laboral.

Compreendido o significado da noção de meio ambiente do trabalho, em especial no que tange aos contornos que lhe foram dados pelo legislador constituinte, já se pode passar à análise da informação ambiental trabalhista juntamente com suas características. Com isso, almeja-se tratar de maneira mais adequada os questionamentos gerados pela busca da efetivação do direito à informação no meio ambiente do trabalho, intento maior deste estudo.

3.2. INFORMAÇÃO AMBIENTAL TRABALHISTA E A CONSTRUÇÃO DE UMA NOVA RACIONALIDADE AMBIENTAL

A seção que ora se inicia destina-se à abordagem da temática informacional nos domínios específicos do meio ambiente do trabalho. Este enfoque "trabalhista" da informação ambiental é possibilitado pela compreensão do ambiente laboral construída acima, bem como por todo o desenvolvimento anterior deste estudo, em que se destacou a importância da informação no campo ambiental e analisaram-se as potencialidades científicas do pensamento sistêmico, da teoria da complexidade e da ideia dos riscos. Portanto, este segmento representa a aplicação das noções anteriormente trabalhadas à informação e suas características no meio ambiente do trabalho.

Antes de tudo, é necessário esclarecer que, ao se falar em informação ambiental trabalhista, não se está sustentando a ideia de que as questões informacionais no âmbito laboral devam ser compreendidas de maneira

---

(156) *Ibidem*, p. 319.

isolada do estudo da informação em seu conjunto. O próprio Capítulo 1 demonstra que a informação está presente em toda a sociedade, mantendo íntimas conexões com o poder, o conhecimento, a geopolítica, a compreensão do mundo, sem, contudo, indicar nenhuma espécie de "compartimentação informacional". Parte-se do entendimento de que a informação é ao mesmo tempo una e complexa, sendo a informação ambiental trabalhista apenas um aspecto daquela mesma informação que estrutura a sociedade informacional de que fala Manuel Castells[157], formando suas hierarquias e estruturas de produtividade e de poder.

Até mesmo por uma questão de coerência aos postulados teóricos adotados acima, que envolvem, dentre outros, teoria sistêmica e complexidade, não seria adequado apregoar a existência de uma informação ambiental trabalhista como uma figura independente, apartada do restante do universo informacional e sua riqueza de detalhes. Precisamente este é o mérito de teorias como a dos sistemas, que possibilitam o estudo dos objetos tendo-se em vista o contexto no qual estão inseridos, permitindo a busca de um entendimento mais profundo e abrangente sobre os temas aos quais se dedica o cientista. Assim se procede em relação à informação na seara do ambiente laboral, cujas características — ao menos aquelas que se julgam mais importantes neste momento — são a seguir analisadas.

Da mesma maneira que a informação ambiental em geral, a informação ambiental trabalhista apresenta grande importância na preservação do meio ambiente, no caso o do trabalho. Somente com o conhecimento das condições de seu "hábitat laboral" é que os atores do mundo do trabalho, em especial os trabalhadores, poderão compreender melhor os riscos a que estão expostos e os meios de combatê-los; bem como poderão dar-se conta das potencialidades produtivas do ambiente em que desempenham suas atividades. O direito à informação se afirma como uma das bases mais importantes da tutela ambiental trabalhista, como ressalta Norma Sueli Padilha:

> O direito à informação constitui um dos instrumentos mais necessários a serem aplicados no meio ambiente do trabalho. Os trabalhadores têm direito de conhecer as reais condições ambientais a que estão expostos (agentes tóxicos, níveis de ruído, altas temperaturas, radiações, vapores, etc.), bem como a própria forma de organização do trabalho (jornadas noturnas e em turnos, ritmo de trabalho, sua forma de execução e divisão).

---

(157) *Vide* capítulo 1, seção 1.1.

Nesse sentido existem mecanismos legais que, se efetivamente estivessem sendo aplicados, já representariam um substancial respeito ao direito de informação do trabalhador.[158]

Também na área trabalhista, a informação ambiental possibilita a participação dos cidadãos na busca por um meio ambiente ecologicamente equilibrado. Recordem-se aqui os comentários feitos no Capítulo 1 sobre a ligação existente entre informação e participação popular nas sociedades democráticas. O mesmo ocorre na tutela ambiental, maximizando os potenciais de atuação das pessoas envolvidas e afetadas mais diretamente com a degradação do ambiente.

No campo das relações de trabalho, começa-se a perceber que uma das formas mais efetivas de zelar pela higidez ecológica do local de trabalho é justamente contar com a participação dos trabalhadores, obviamente sem se descurar das obrigações de empregadores e demais tomadores de serviços. Os operários, por tratarem de perto com os riscos e potenciais produtivos do meio ambiente do trabalho, têm importantes contribuições a dar no sentido de sua preservação. Ainda que recente esta valorização da participação obreira, o certo é que já pode ser tomada como uma tendência em matéria de defesa do ambiente laboral, como ensina Sebastião Geraldo de Oliveira:

> Nos últimos anos, ganhou destaque o pensamento de que a melhor forma para garantir a efetividade das normas de proteção à saúde é a participação dos trabalhadores, os beneficiários diretos da tutela normativa. Com isso, o trabalhador passou a ter direito à informação sobre os riscos a que está exposto, às formas de prevenção e ao treinamento adequado para o desempenho de suas tarefas.[159]

Essa crescente valorização da participação dos trabalhadores por meio da informação ambiental pode contribuir para fortalecer o importante papel já desempenhado pelas Comissões Internas de Prevenção de Acidentes (CIPAs) existentes nos estabelecimentos empresariais e locais de obra, previstas nos arts. 163 e seguintes da Consolidação das Leis do Trabalho. Da mesma forma, ganha destaque o papel dos sindicatos na defesa do meio ambiente do trabalho, seja mediante instrumentos jurídicos oriundos da negociação coletiva ou de outras medidas, como, por exemplo, a organização

---

(158) PADILHA, Norma Sueli. *Op. cit.*, p. 126.
(159) OLIVEIRA, Sebastião Geraldo de. *Proteção jurídica à saúde do trabalhador*. 2. ed. São Paulo: LTr, 1998. p. 122.

de greves ambientais e a utilização de ações judiciais. A matéria da participação da sociedade na tutela do ambiente do trabalho será melhor analisada na seção 3.3. Neste momento, é importante deixar assentado que uma das características da informação ambiental trabalhista é também funcionar como instrumento propulsor da participação cidadã no resguardo do meio ambiente.

Afora estas considerações, é fundamental que aqueles destinatários da informação ambiental trabalhista — aqui se destacando os empreendedores, sejam empregadores ou trabalhadores autônomos, dentre outros — tenham consciência de que grande parte dos riscos ambientais se origina no ambiente de trabalho. Sendo assim, sua participação no resguardo do ambiente laboral é de grande relevância, principalmente no que diz respeito ao cumprimento das normas de saúde, higiene e segurança no trabalho, e daquelas atinentes ao dever de informar os trabalhadores que lhes são subordinados.

Aqui é importante citar a lição de Fábio Fernandes que, reconhecendo o potencial difusor de danos ambientais do meio ambiente do trabalho, ressalta a importância da participação popular e do acesso à informação em sua tutela. Conforme suas palavras:

> Conhecendo-se as estatísticas que demonstram que a esmagadora maioria dos danos ambientais aos mais diferentes ecossistemas se origina do meio ambiente do trabalho onde se desenvolve as atividades produtivas impactantes, bem dá para avaliar a dimensão da importância do princípio da participação popular no acesso às informações ambientais com vistas à efetiva conscientização na preservação e na adoção de posturas proativas como mecanismo a conferir-se mais eficácia a essa proteção.
>
> Dentro desse contexto, a educação e a informação ambiental servem para estimular e subsidiar a participação dos atores sociais envolvidos no processo produtivo para que este seja exercido com a preservação dos recursos naturais, mais em primeiro lugar com respeito à dignidade humana do trabalhador.[160]

A esta altura já é possível ensaiar algumas respostas aos questionamentos suscitados pela busca de efetivação do direito à informação no meio ambiente do trabalho. Tendo-se em vista as características da informação ambiental

---

(160) FERNANDES, Fábio. *Op. cit.*, p. 87.

trabalhista descritas acima — importância na defesa do ambiente laboral; destaque como propulsora da participação cidadã; desveladora do potencial causador de riscos ambientais do local de trabalho; em meio a outras qualidades —, bem como os aportes teóricos capazes de proporcionar um alargamento do horizonte informacional (sistemas, complexidade e riscos); afigura-se possível traçar os contornos de um direito à informação mais efetivo na seara das relações de trabalho.

Recorrendo-se às contribuições do pensamento sistêmico, a informação ambiental trabalhista pode ser construída a partir da consideração da empresa[161] como um sistema vivo. E isto significa muito mais do que aplicar às atividades empresariais um ambientalismo meramente superficial, mais preocupado com campanhas publicitárias e lucros imediatos. Significa buscar alternativas viáveis para os processos de produção e circulação de bens e serviços, de modo a adequá-los aos potenciais produtivos do meio ambiente, seja ele o natural, o artificial, o cultural ou o do trabalho.

A mera administração ambiental se contrapõe a um verdadeiro gerenciamento ecológico, este sim preocupado com uma sustentabilidade ecológica capaz de motivar a construção de uma nova ética que resguarde também os interesses das futuras gerações. Diferenciando *administração ambiental*, que se desenvolve dentro dos moldes do paradigma mecanicista, de *gerenciamento ecológico*, que tende a adotar os postulados da ecologia profunda, são importantes as palavras de Callenbach, Capra e outros, na obra que se tornou um importante marco teórico para a instituição de práticas administrativas realmente comprometidas com o equilíbrio do meio ambiente:

> A administração ambiental está associada à ideia de resolver os problemas ambientais em benefício da empresa. Ela carece de uma dimensão ética, e suas principais motivações são a observância das leis e a melhoria da imagem da empresa. O gerenciamento ecológico, ao contrário, é motivado por uma ética ecológica e por uma preocupação com o bem-estar das futuras gerações. Seu ponto de partida é uma mudança de valores na cultura empresarial.

---

(161) Usa-se aqui o termo empresa no sentido de instituição, semelhantemente àquele sentido consagrado pelo legislador no art. 2º da CLT. Sabe-se que, na atualidade, após um amadurecimento da doutrina, principalmente aquela relativa ao Direito Comercial (entre nós, Direito Empresarial), empresa tem o significado de atividade desenvolvida pelo empresário, visando à produção e à circulação de bens ou de serviços (art. 966 do Código Civil de 2002).

> *O ambientalismo superficial tende a aceitar, por omissão, a ideologia do crescimento econômico, ou a endossá-la abertamente. A ecologia profunda substitui a ideologia do crescimento econômico pela ideia da sustentabilidade ecológica.* [...] Atualmente, o ambientalismo superficial se manifesta na "lavagem verde", uma prática pela qual as empresas fazem mudanças ambientais cosméticas com objetivos cínicos no que tange a relações públicas. Essas empresas gastam dinheiro em publicidade, *marketing* e promoção de imagem "verde", mas não em "enverdecer" os processos de produção, as instalações e as condições de trabalho de seus funcionários.[162] (grifado no original)

A adoção de um autêntico gerenciamento ecológico significa, portanto, tomar as contribuições trazidas pela ecologia profunda e aplicá-las ao âmbito econômico, especialmente às atividades empresariais. É importante recordar que a ecologia profunda tem o mérito de resgatar a dimensão natural dos elementos que compõem o universo, reconhecendo as ligações que existem entre eles, para o que é fundamental a compreensão do pensamento sistêmico. Ter em vista o paradigma da ecologia profunda não significa, como se advertiu anteriormente, eliminar a capacidade de distinção entre o homem enquanto ser também cultural e os demais componentes da natureza. Antes, traduz a aceitação da dimensão ecológica dos indivíduos e de suas sociedades, em uma imbricação que condiciona e ao mesmo tempo é condicionada pelas relações que designa.

Entender a empresa como um sistema vivo e adotar atitudes de gerenciamento ecológico implica também o aprimoramento de algumas práticas que se vêm difundindo no ramo empresarial, como, *v. g.*, as auditorias ambientais. Ao invés do mero levantamento e análise de dados com o intuito de cumprir a legislação e buscar formas de incrementar os lucros, pode-se partir rumo à realização de uma ampla *eco-auditoria*, comprometida com a sustentabilidade não só da empresa, mas do ecossistema como um todo. Precisando a noção de eco-auditoria, esclarecem Callenbach *et al.*:

> *Uma eco-auditoria, conforme entende o Elmwood Institute, é o exame e a revisão das operações de uma empresa da perspectiva da ecologia profunda, ou do novo paradigma. É motivada por uma mudança nos valores da cultura empresarial, da dominação*

---

(162) CALLENBACH, Ernest *et al. Gerenciamento ecológico:* Ecomanagement. Guia do instituto Elmwood de auditoria ecológica e negócios sustentáveis. 2. ed. Trad. Carmen Youssef. São Paulo: Cultrix, 1998. p. 89.

para a parceria, da ideologia do crescimento econômico para a ideologia da sustentabilidade ecológica. Envolve uma mudança correspondente do pensamento mecanicista para o pensamento sistêmico e, por conseguinte, um novo estilo de administração conhecido como administração sistêmica. O resultado de uma eco-auditoria é um plano de ação para minimizar o impacto ambiental da empresa e fazer com que todas as suas operações sejam mais ecologicamente corretas.[163] (grifado no original)

Portanto, percebe-se que os potenciais ecológicos da consideração da empresa como um sistema vivo são amplos. A tutela ambiental vê-se maximizada a partir do momento em que a unidade empresarial é vista como um organismo perpassado por fluxos de matérias e energias dos mais variados tipos, possuindo um verdadeiro metabolismo próprio. Com o intuito de melhor ilustrar a noção da "empresa como um sistema vivo", apresenta-se, na Figura 1, o fluxograma representativo daquilo que seria o metabolismo de uma empresa genericamente considerada.

O fluxograma apresentado[164] materializa a concepção sistêmica da empresa, demonstrando uma complexa rede de ligações com o ambiente externo. Tal compreensão é de grande importância à informação ambiental trabalhista, na medida em que possibilita o entendimento contextual e "ecologizado" do meio ambiente do trabalho, antes visto apenas como um local específico e isolado do mundo exterior. Assim, o direito à informação tende a se tornar mais efetivo, atento à realidade de um mundo interligado em que as ações individuais influem e sofrem influências decisivas umas das outras.

---

(163) *Ibidem*, p. 94.
(164) Comentando a mesma figura, Callenbach *et al.* fazem os seguintes apontamentos: "Para representar esses aspectos estruturais na forma mais convencional para uma eco-auditoria, desenhamos um fluxograma representando o 'metabolismo' de uma empresa-protótipo: a movimentação de materiais, de pessoas e de energia que vêm do exterior, atravessam a empresa e voltam para o exterior. Seja qual for o ramo de negócio — fabricação de mercadorias, prestação de serviços ou manipulação de informações — a empresa vai dar ingresso a alguma coisa, processá-la de várias formas e gerar produtos e sobras" (*Ibidem*, p. 123).

Figura 1 — Quadro metabólico simplificado de uma empresa-protótipo

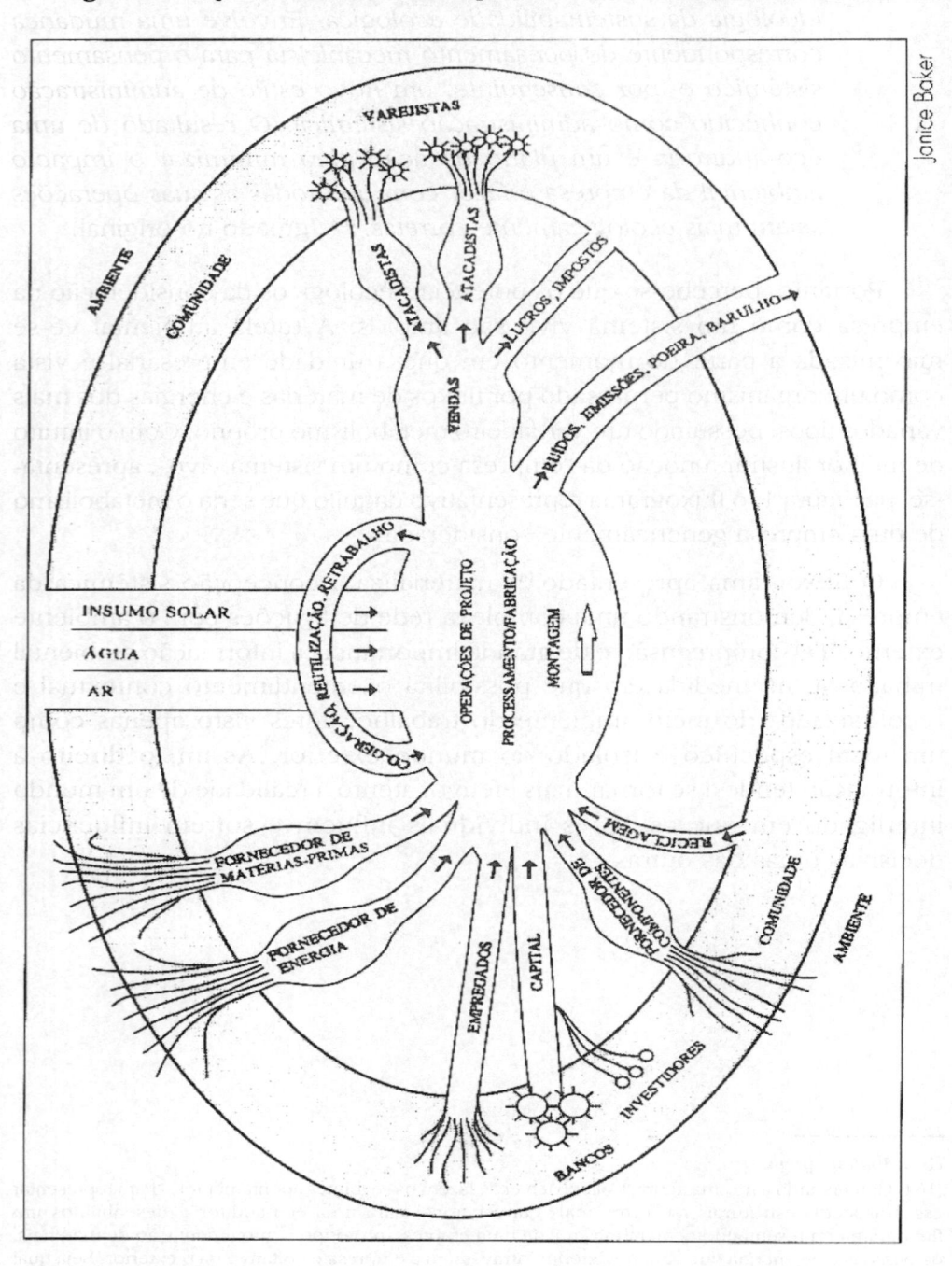

Fonte: CALLENBACH, Ernest et al. Op. cit., p. 125.

Ligados a esta visão sistêmica do meio ambiente do trabalho e da informação ambiental trabalhista estão os postulados da teoria da complexidade, tal como descritos na seção 2.2. O entendimento de que os elementos que compõem o mundo do trabalho, seja ele urbano ou rural, são portadores do "gene" da complexidade auxilia na construção de informações mais críticas, em busca de constante complementação e cientes dos processos de poder envolvidos nas práticas informacionais.

Exemplo desta "complexidade laboral" pode ser encontrado nas relações entre o capital e o trabalho, investidores e consumidores, financiadores e tomadores de crédito, dirigentes da empresa e sindicalistas, relações que são, ao mesmo tempo, concorrentes, antagônicas e complementares. Além disso, o desenvolvimento das atividades econômicas às quais o trabalho presta suporte congrega uma série de microcosmos (economia, direito, política, sociologia, linguagem, etc.), levando o labor humano tão longe quanto possível nos caminhos da complexidade.

Em tal contexto, diversos saberes e culturas veem-se em contato, promovendo um grande encontro interdisciplinar tendo o trabalho como pano de fundo. Com a intenção de salientar a complexidade imanente ao trabalho, citam-se as palavras de Abdallah Nouroudine sobre o uso da linguagem no âmbito laboral:

> As observações realizadas pelos analistas do trabalho revelam que, de modo oposto ao que o taylorismo tentava demonstrar, sem, todavia, realmente conseguir, o trabalho não é simples. É complexo, no sentido de ser composto de várias dimensões intrínsecas: econômica, social, cultural, jurídica, etc. Entretanto, a complexidade provém menos da existência de várias dimensões no trabalho do que da constatação de que tais dimensões não apenas se justapõem umas sobre as outras ou ao lado das outras, comunicando-se, antes, entre si e imbricando-se umas nas outras, para constituir um "fato social total" (Durkheim e Mauss). Esse caráter multidimensional e total do trabalho é irredutível, visto ser a marca e o reflexo da natureza mesma do humano, ao mesmo tempo sujeito social, econômico, jurídico, etc. Porém, o trabalho também é complexo na medida em que integra propriedades múltiplas, cada uma participando da formação de uma significação dinâmica e variável nos campos social e histórico. [...] As

atividades, os saberes e os valores são propriedades intrínsecas ao trabalho, que se manifestam no cruzamento e na contaminação mútua.[165]

Esta dupla complexidade do trabalho "também é a da linguagem no que o trabalho comporta de linguagem".[166] Tal observação tem implicações informacionais na medida em que, se a complexidade do trabalho se reflete na linguagem relacionada ao mesmo, também "contamina", consequentemente, as informações a respeito do trabalho; haja vista que as práticas informacionais (produção, difusão e outras) também demandam linguagem. A linguagem, em seus diversos modos, é o meio condutor das informações, inclusive daquelas relacionadas ao meio ambiente do trabalho.

Para que seja possível buscar informações ambientais trabalhistas realmente cientes da complexidade que impregna o meio ambiente como um todo e o ambiente laboral em particular, é fundamental a construção de uma *linguagem sobre o trabalho* efetivamente crítica e participativa. Mas o que se entende por linguagem sobre o trabalho?

Com apoio nas ideias de Grant Johnson & Caplan, Nouroudine apresenta três níveis de linguagem no que diz respeito ao trabalho: 1) a *linguagem como trabalho*, que integra a própria atividade realizada, como falas e gestos dirigidos aos colegas para que as tarefas possam ser executadas; 2) a *linguagem no trabalho*, participando da situação que envolve o labor sem ter de, necessariamente, constituí-lo, como as falas entre colegas sobre assuntos variados, as pressões e manifestações de poder que circundam as atividades realizadas, etc.; e 3) a *linguagem sobre o trabalho*, constituindo a formação de um saber que toma o próprio trabalho como objeto de estudo, manifestando-se na transmissão de conhecimentos e em reuniões sobre os serviços desempenhados, nos comentários sobre o ambiente de trabalho na esfera extraempresarial, nas pesquisas científicas sobre o labor, dentre outros tipos de manifestações.[167]

---

(165) NOUROUDINE, Abdallah. A linguagem: dispositivo revelador da complexidade do trabalho. In: SILVA, M. C. P. Souza e; FAITA, D. (orgs.). *Linguagem e trabalho:* construção de objetos de análise no Brasil e na França. Trad. Inês Polegatto, Décio Rocha. São Paulo: Cortez, 2002. p. 18-19.
(166) *Ibidem*, p. 19.
(167) *Ibidem*, p. 18-28, *passim*. O autor também deixa claro que esses três níveis de linguagem não são estanques, incomunicáveis entre si. Ao contrário, não raro se superpõem e trazem implicações uns sobre os outros. Como síntese das distinções entre os níveis de linguagem mencionados, citem-se as palavras do autor: "Ao contrário, partindo do pressuposto da existência de uma linguagem que faz (a linguagem como trabalho), uma linguagem circundante (a linguagem no trabalho) e uma linguagem que interpreta (a linguagem sobre o trabalho), conduzir a análise das práticas de linguagem tendo em mente, ao mesmo tempo, suas distinções e suas imbricações revela-se adequada a uma melhor disponibilização do conhecimento a serviço da ação sobre o trabalho" (*Ibidem*, p. 26).

Nesta linha de entendimento, é importante que o saber sobre o trabalho seja "complexificado", o que implica também a revisão de seus processos de construção. As análises sobre o trabalho — o que inclui a informação ambiental trabalhista — não podem mais ficar a cargo unicamente dos donos dos meios de produção e de agências especializadas. Faz-se necessário abrir o campo discursivo também aos próprios trabalhadores, profundos conhecedores dos processos produtivos que, no entanto, muitas vezes são alijados dos debates sobre as atividades que desempenham (inovações tecnológicas, novos métodos de organização empresarial e outros temas correlatos). A adoção de posturas realmente dialógicas é imprescindível para a construção de um saber sobre o trabalho verdadeiramente legítimo, capaz de embasar informações ambientais igualmente legítimas. Vão neste sentido as conclusões de Nouroudine:

> Trata-se de uma condição de possibilidade, não para que apareça uma linguagem sobre o trabalho emitida pelos atores do trabalho (tal linguagem já existe), mas para que ela se desenvolva e provoque o reconhecimento dos conhecimentos que comporta. [...] Com efeito, compreender o trabalho no sentido que Bakhtin atribui à "compreensão", isto é, à busca de um "*contradiscurso* para o discurso do locutor" (*idem*, p. 39) significa principalmente compreender atividades inseparáveis de seus autores cuja "voz" não é dada, mas imposta realmente, em função das condições sociais. Porém, a manifestação de um processo dialógico efetivo pressupõe que o saber ou o conteúdo dos enunciados circulem nos dois sentidos entre os interlocutores. Isso possui um valor epistemológico apenas se não houver *a priori* invalidação do conteúdo dos enunciados de uma das categorias de locutores (protagonistas do trabalho ou pesquisadores), de modo que no processo dialógico a instrução seja recíproca. [...] No prolongamento do princípio dialógico bakhtiniano, tal orientação epistemológica leva a considerar o conhecimento das atividades humanas não como um estado a se atingir ou a se produzir, mas sempre como um processo a ser acionado e nunca inteiramente acabado.[168]

Afora este aspecto da complexidade do trabalho e da linguagem a ele relacionada, que repercute profundamente na configuração das informações ambientais trabalhistas, estas devem ser pensadas tendo-se em vista o

---

(168) *Ibidem*, p. 27-29, *passim*.

contexto globalizado em que as sociedades contemporâneas estão inseridas. Os estudos sobre a globalização[169] acabam por representar um importante canal de acesso para que as ciências sociais se debrucem sobre a teoria da complexidade — consciente ou inconscientemente —, haja vista ser a globalização um fenômeno complexo por natureza.[170]

Sem se ter a pretensão de desenvolver um estudo aprofundado sobre o fenômeno da globalização, o que demandaria um espaço maior do que aquele aqui disponível, quer-se apenas deixar registrado que a informação ambiental trabalhista deve levar em consideração este novo arranjo comunitário. E isto não apenas pelos potenciais de análise sistêmica e conjuntural proporcionados pelas pesquisas sobre o mundo globalizado (que são muito importantes), mas principalmente para que seja possibilitado um debate sobre o meio ambiente do trabalho regido não somente por ponderações economicistas, levando-se em conta também outros importantes aspectos trazidos pela globalização. Esta não significa apenas a organização dos mercados e dos capitais em escala mundial. Trata-se de um acontecimento muito mais amplo. Discorrendo sobre a variedade de sentidos da globalização, ensina Anthony Giddens:

> Eu não hesitaria, portanto, em dizer que a globalização, tal como a estamos experimentando, é sob muitos aspectos não só nova, mas também revolucionária. Não acredito, porém, que nem os céticos nem os radicais tenham compreendido corretamente nem o que ela é, nem suas implicações para nós. Ambos os grupos veem o fenômeno quase exclusivamente em termos econômicos. Isso é um erro. A globalização é política, tecnológica e cultural, tanto quanto econômica. Foi influenciada acima de tudo por desenvolvimentos nos sistemas de comunicação que remontam apenas ao final da década de 1960.[171]

---

(169) Dentre tantos entendimentos possíveis sobre o significado do fenômeno da globalização, merecem registro as palavras de Zygmunt Bauman, para quem "Esta nova e desconfortável percepção das 'coisas fugindo ao controle' é que foi articulada (com pouco benefício para a clareza intelectual) num conceito atualmente na moda: o de *globalização*. O significado mais profundo transmitido pela ideia da globalização é o do caráter indeterminado, indisciplinado e de autopropulsão dos assuntos mundiais; a ausência de um centro, de um painel de controle, de uma comissão diretora, de um gabinete administrativo. A globalização é a 'nova desordem mundial' de Jowitt com um outro nome" (grifado no original). (BAUMAN, Zygmunt. *Globalização:* as consequências humanas. Trad. Marcus Penchel. Rio de Janeiro: Jorge Zahar, 1999. p. 66-67).
(170) No dizer de Anthony Giddens: "A globalização não é portanto um processo singular, mas um conjunto complexo de processos. E estes operam de uma maneira contraditória ou antagônica" (GIDDENS, Anthony. *Mundo em descontrole*. 6. ed. Trad. Maria Luiza X. de A. Borges. Rio de Janeiro: Record, 2007. p. 23).
(171) *Ibidem*, p. 20-21.

Para além dos determinantes econômicos — e mesmo estes sendo bem mais amplos do que tentam sustentar algumas escolas econômicas ligadas ao liberalismo clássico — a globalização implica considerações sobre o alargamento dos limites políticos dos debates, agora travados em níveis globais tanto quanto locais; sobre tomadas de posição em face da necessidade de respeito à diversidade cultural e de saberes sobre a natureza; questões que, dentre outras, têm marcante influência sobe a informação ambiental trabalhista.

Também é importante afastar a ideia de que globalização significa única e exclusivamente homogeneização de pensamentos e ações em nível global, como tem sido apregoado por setores ligados ao capital especulativo e à grande mídia. Aqui é elucidativa a lição de Octavio Ianni, ressaltando os aspectos integrativos e, ao mesmo tempo, diferenciadores apresentados pelo fenômeno da globalização:

> Globalização rima com integração e homogeneização, da mesma forma que com diferenciação e fragmentação. A sociedade global está sendo tecida por relações, processos e estruturas de dominação e apropriação, integração e antagonismo, soberania e hegemonia. Trata-se de uma configuração histórica problemática, atravessada pelo desenvolvimento desigual, combinado e contraditório. As mesmas relações e forças que promovem a integração suscitam o antagonismo, já que elas sempre se deparam com diversidades, alteridades, desigualdades, tensões, contradições. Desde o princípio, pois, a sociedade global traz no seu bojo as bases do seu movimento. Ela é necessariamente plural, múltipla, caleidoscópica. A mesma globalização alimenta a diversidade de perspectivas, a multiplicidade dos modos de ser, a convergência e a divergência, a integração e a diferenciação; com a ressalva fundamental de que todas as peculiaridades são levadas a recriar-se no espelho desse novo horizonte, no contraponto das relações, processos e estruturas que configuram a globalização.[172]

As práticas informacionais necessitam ser "oxigenadas" pelo processo de globalização, e nunca limitadas por ele. Entender o mundo globalizado como um universo de potenciais serve muito mais à busca e difusão de informações do que sua visão como um mundo dominado por grandes corporações que ditam padrões de observância global, em detrimento dos arranjos das culturas locais.

---

(172) IANNI, Octavio. Globalização e diversidade. In: FERREIRA, L. da C.; VIOLA, E. (orgs.). *Incertezas de sustentabilidade na globalização*. Campinas: UNICAMP, 1996. p. 99-100.

Neste contexto, merecem destaque os saberes ambientais excluídos, tachados de "não científicos" pelo saber tecnológico vinculado ao capital. Tais saberes são representados pelas culturas locais de organizações indígenas; de comunidades rurais articuladas em pequenos módulos de produção rural de subsistência no sul do Brasil; de seringueiros que retiram da Floresta Amazônica seu sustento sem a destruir; dos trabalhadores dos mais diversos ramos de atividade que têm importantes sugestões sobre os métodos de trabalho, mas são silenciados com o argumento da redução de custos e pela necessidade de manter o posto de trabalho em virtude do desemprego endêmico que assola o país, etc. Todos estes saberes (e outros mais), ridicularizados e menosprezados nas discussões sobre preservação ambiental promovidas com base em um ambientalismo de fachada (lavagem verde), merecem ser levados em conta quando o assunto é a construção da informação ambiental, incluída aqui a informação sobre o meio ambiente do trabalho.

No que concerne à interação entre saberes "globais" e "locais", trazem-se à colação as ideias de Vandana Shiva, destacando a atuação destrutiva que o chamado "saber ocidental dominante"[173] tem sobre as práticas e saberes locais espalhados pelo mundo inteiro. Essa atuação acaba por, aparentemente, eliminar as alternativas existentes ao saber dominante, originando o que a autora chama de "monocultura mental", assim descrita:

> Além de tornar o saber local invisível ao declarar que não existe ou não é legítimo, o sistema dominante também faz as alternativas desaparecerem apagando ou destruindo a realidade que elas tentam representar. A linearidade fragmentada do saber dominante rompe as integrações entre os sistemas. O saber local resvala pelas rachaduras da fragmentação. É eclipsado com o mundo ao qual está ligado. Desse modo, o saber científico dominante cria uma monocultura mental ao fazer desaparecer o espaço das alternativas locais, de forma muito semelhante à das monoculturas de variedades de plantas importadas, que leva à substituição e destruição da diversidade local. O saber dominante também destrói as próprias condições para a existência de alternativas, de forma muito semelhante à introdução de monoculturas, que destroem as próprias condições de existência de diversas espécies.[174]

---

(173) Muitas vezes, o adjetivo "dominante" não resiste sequer a uma análise empírica da opinião dos integrantes das sociedades, sendo, no entanto, erigido a dogma incontestável em variadas situações e assuntos.

(174) SHIVA, Vandana. *Monoculturas da mente:* perspectivas da biodiversidade e da biotecnologia. Trad. Dinah de Abreu Azevedo. São Paulo: Gaia, 2003. p. 25.

É precisamente esta "monocultura mental" que parece ocorrer quando se pensa o mundo do trabalho e, em especial, o meio ambiente do trabalho em um cenário globalizado. Vicejam ideias como a da rigidez da legislação trabalhista, clamando por uma flexibilização ou até mesmo desregulamentação total do mercado de trabalho, o que parece ser a única alternativa possível para inserção numa economia globalizada.

Os meios de intervenção do Estado na esfera econômica são reduzidos, salvo raras exceções, àqueles que vêm em socorro do capital multinacional, em uma intrigante socialização dos prejuízos e individualização dos lucros. Retoma-se a vetusta ideia de que os ajustes da vida econômica aconteceriam de maneira absolutamente "natural", influenciados pelas forças do mercado; invisíveis, porém, sempre atuantes. Sobre este chamado "naturalismo econômico", vale mencionar o ensinamento de Catharino:

> Haveria um "naturalismo econômico" autossuficiente; uma "economia jurídica", sem espaço para o direito.
>
> A economia seria um todo fechado, no qual os interesses individuais e os da coletividade estariam automaticamente harmonizados.
>
> Os particulares e o Estado deveriam se abster, deixando as leis econômicas atuarem livremente, o que faz lembrar a frase de Napoleão: "Não há leis possíveis contra o dinheiro".
>
> Ao direito tão somente a missão de fazer com que as leis econômicas fossem respeitadas, incluída a da livre concorrência, o que importaria negação do próprio Direito.[175]

Esclareça-se que não se está a condenar o saber científico tecnológico, imprescindível ao trato dos complexos riscos existentes nas sociedades industrializadas. O que se condena é a utilização unilateral destes conhecimentos, orientados unicamente ao incremento dos lucros, com desconsideração de saberes tradicionais e de um real bem-estar ecológico do planeta.

Dessa forma, para se efetivar verdadeiramente o direito à informação no meio ambiente do trabalho é necessária a construção de uma nova racionalidade ambiental, congregando-se os postulados teóricos enunciados ao longo deste estudo. Uma racionalidade que, de modo sustentável, possa

---

(175) CATHARINO, José Martins. *Neoliberalismo e sequela:* privatização, desregulação, flexibilização, terceirização. São Paulo: LTr, 1997. p. 17.

acessar o potencial produtivo da natureza não somente do ponto de vista econômico, e que tenha na força das diversas culturas existentes uma fonte inesgotável de significação e atribuição de sentidos ao meio ambiente. Tal racionalidade é o tema central da significativa obra de Enrique Leff, já citada acima. Segundo Leff:

> A racionalidade ambiental leva a repensar a produção a partir das potencialidades ecológicas da natureza e das significações e sentidos atribuídos à natureza pela cultura, além dos princípios da "qualidade total" e da "tecnologia limpa" da nova ecoindústria, assim como da qualidade de vida derivada da "soberania do consumidor". A racionalidade ambiental que daí emerge se distancia de uma concepção conservadora e produtivista da natureza para converter-se em uma estratégia para a reapropriação social da natureza, baseada na valorização cultural, econômica e tecnológica dos bens e serviços ambientais da natureza. A racionalidade ambiental desemboca em uma política do ser, da diversidade e da diferença que reformula o valor da natureza e o sentido da produção.[176]

Como se percebe, esta nova racionalidade ambiental é pluralista, explorando outros modelos de sustentabilidade ecológica além daqueles constantes dos "selos verdes" nas prateleiras dos supermercados.[177] O padrão de racionalização não é o mercado e a ciência dogmática, como ocorre na racionalidade econômica tradicional[178], mas sim a possibilidade de

---

(176) LEFF, Enrique. *Op. cit.*, p. 69.
(177) Discorrendo sobre a extensão dos postulados democráticos também ao âmbito econômico, Ladislau Dowbor apresenta uma série de ricas considerações sobre os influxos da temática ambiental sobre a economia, levando a uma reformulação das bases econômicas clássicas que vai mais além de um "leve toque verde". Segundo o autor "Não estamos aqui tentando resumir alguns problemas do meio ambiente. Estamos tentando esclarecer a importância da problemática ambiental para a reformulação de como vemos a ciência econômica. Trata-se aqui, uma vez mais, de constatar que estudos que partem de problemas concretos como o da sustentabilidade levam a uma reconstrução da economia sobre bases muito mais sólidas, porque centradas nas ameaças reais que surgem, nos resultados que queremos, nos valores que os sustentam e nos mecanismos necessários para materializá-los. E a sólida incorporação da dimensão ambiental no estudo e na pesquisa em economia — e não mais como um leve toque de verde em alguma disciplina optativa — tende a levar à compreensão de dinâmicas integradas pela própria transversalidade da problemática" (DOWBOR, Ladislau. *Democracia econômica*: alternativas de gestão social. Petrópolis: Vozes, 2008. p. 133).
(178) A respeito da racionalidade econômica, esclarece Enrique Leff que: "A racionalidade econômica desenvolveu uma estratégia de poder para legitimar seu princípio de racionalidade fundado em um modelo cientificista da modernidade. Dessa perspectiva, não apenas se define como racional a conduta dos atores sociais que se regem pelas motivações do mercado, da lucratividade e da utilidade, mas se procura deslegitimar os modos de organização social guiados por outros valores. No discurso apologético da globalização econômica (que engloba o discurso do desenvolvimento sustentado), as práticas tradicionais, assim como as demandas das comunidades locais e das sociedades não capitalistas, aparecem como direitos e valores, mas carentes de racionalidade" (*Ibidem*, p. 235).

reapropriação social da natureza a partir de seus potenciais produtivos e do intercâmbio de culturas e saberes que ressignifiquem as interações entre o homem e o mundo do qual faz parte.

A racionalidade ambiental representa mais do que a "internalização" de custos ambientais ao processo produtivo, pois reconhece valores que não se podem exprimir com os signos capitalistas convencionais, como é o caso da biodiversidade, do equilíbrio ecológico e das diferenças culturais. Não se trata apenas de agregar elementos à análise econômica convencional, atualizando-a segundo novos postulados. É mais do que isso, é a revisão do próprio modelo econômico adotado, que já não representa o ápice civilizacional, mas apenas uma opção de arranjo social de há muito sedimentada e sustentada por interesses poderosos.

Em uma análise comparativa das duas racionalidades, a econômica e a ambiental, são elucidativas as palavras de Leff, transcritas em sua literalidade pela força de sua significação:

> A partir desses princípios surge a contraposição entre racionalidade econômica e racionalidade ambiental. A primeira tenta medir (e dessa maneira controlar) os valores da diversidade cultural e biológica, os processos de longo prazo, as diferenças sociais e a distribuição ecológica através da contabilidade econômica. A segunda incorpora os valores culturais diversos atribuídos à natureza e a incomparabilidade dos processos ecológicos dos quais dependem a resiliência, os equilíbrios e a produtividade dos ecossistemas complexos e da biodiversidade, assim como dos processos culturais e tecnológicos dos quais depende a sustentabilidade do processo econômico. A primeira busca regular os princípios ecológicos, incorporando as condições ecológicas e culturais à ordem econômica estabelecida. A segunda se enraíza na racionalidade das sociedades locais e suas economias de autossubsistência, fundadas mais nos valores tradicionais de culturas diversas e em suas identidades próprias, que dão sentido à produção com a natureza. Nessa perspectiva, a sustentabilidade se constrói como um processo marcado por uma dispersão de interesses sociais que plasmam o campo da ecologia política dentro de projetos culturais diversos.[179]

Desta racionalidade ambiental surge a demanda por uma informação aprofundada, que prestigie as vozes dos saberes locais excluídos do debate

---

(179) *Ibidem*, p. 264-265.

ambientalista, e que seja libertada dos limites impostos pelo atual modelo econômico. A informação ambiental então é despida de preconceitos científicos, passando a ter na diversidade cultural a sua maior força.[180] No entanto, esta mesma informação não é apenas um receptáculo passivo de dados dispersos, mas se constitui em arma a ser usada contra as manifestações de poder imiscuídas no saber, que tendem a subverter os processos dialógicos de construção do conhecimento em investidas dissimuladas que buscam o subjugo intelectual.

Estas são algumas das considerações pertinentes à configuração de uma informação ambiental trabalhista. Como dito no início, não se trata de um ramo isolado da temática informacional, mas sim de um aspecto específico deste vasto fenômeno. A informação ambiental trabalhista é, antes de tudo, um instrumento de tutela do meio ambiente do trabalho.

Daquilo que foi exposto também se verifica que o pensamento sistêmico aplicado (a empresa como um sistema vivo), a percepção da complexidade que impregna o trabalho e a linguagem a ele pertinente (buscando-se uma linguagem sobre o trabalho realmente abrangente e dialogicamente construída), a consideração do meio ambiente laboral inserido em um contexto globalizado, e a construção de uma nova racionalidade ambiental fundada nos potenciais produtivos naturais e no poder da diversidade cultural que ressignifica as lutas pela reapropriação social da natureza são ferramentas que podem ajudar a efetivação do direito à informação no meio ambiente do trabalho, dando concretude às disposições legais existentes.

O objetivo deste estudo é contribuir na discussão da temática informacional no meio ambiente do trabalho, o que é feito pela propositura de um viés discursivo que se utiliza das achegas teóricas do pensamento sistêmico, da teoria da complexidade e da noção dos "riscos", dentre outros temas aqui expostos. No entanto, registre-se que não existem "receitas mágicas" para concretizar o acesso à informação ambiental. Há, isto sim, um grande trabalho a ser feito rumo a práticas informacionais concretas, ao alcance da coletividade e, principalmente, que sejam úteis à preservação do ambiente laboral e da saúde dos trabalhadores.

Em meio a tantas possibilidades e demandas, os prognósticos para a efetivação do direito à informação no meio ambiente do trabalho apontam para uma necessária atuação do Estado e da sociedade nesta difícil tarefa. É

---

(180) De acordo com Enrique Leff: "A diversidade cultural é o que há de mais substantivo na racionalidade ambiental, o princípio que a constitui como uma ordem radicalmente diferente da racionalidade econômica" (*Ibidem*, p. 408).

justamente a respeito das perspectivas de concretização da informação ambiental trabalhista que trata a seção seguinte.

3.3. PERSPECTIVAS PARA A EFETIVAÇÃO DO DIREITO À INFORMAÇÃO NO MEIO AMBIENTE DO TRABALHO: ATUAÇÃO ESTATAL E PARTICIPAÇÃO SOCIAL

Expostas algumas características da informação ambiental trabalhista, bem como delineadas certas bases teóricas que podem contribuir para concretizar o acesso à mesma, cabe analisar as perspectivas para a efetivação do direito à informação no meio ambiente do trabalho. Isto será feito tomando-se como parâmetro a dupla condição atribuída ao meio ambiente ecologicamente equilibrado, visto como um *direito* e um *dever fundamental*, o que traz consequências semelhantes à informação na seara ambiental.

Conforme salientado quando se tratou desta dupla condição do meio ambiente hígido (seção 3.1), a titularidade ativa e passiva do dever fundamental de tutela ecológica é ampla, trazendo obrigações ao Poder Público e à coletividade, sendo esta a sua maior beneficiada. Tal compreensão já fornece uma importante base teórico-jurídica para que seja possível avaliar as perspectivas em relação à efetivação do direito à informação ambiental trabalhista. Partindo-se deste entendimento, podem--se perquirir algumas condutas tanto do Estado quanto da sociedade no que diz respeito à informação, o que serve de indicativo também para averiguar se os mesmos estão cumprindo os deveres fundamentais que a ordem constitucional lhes atribuiu no que concerne à preservação do meio ambiente.

Portanto, as linhas que seguem analisarão as perspectivas para a efetivação da informação ambiental trabalhista sob dois flancos, quais sejam, a atuação do Estado brasileiro e a participação da sociedade. Por óbvio que esta delimitação consiste muito mais em um instrumento epistemológico e expositivo do que em uma listagem exaustiva de possíveis pontos de vista sobre a matéria. Nada impede que surjam outros níveis de análise afora aqueles relacionados aos papéis atribuídos ao Poder Público e à coletividade, como seria o caso de um estudo focado no agir individual dos cidadãos em uma instância anterior ao agir coletivo. Dessa forma, fica a ressalva de que a exposição que segue não exclui outras perspectivas igualmente legítimas quanto à efetivação do direito à informação no meio ambiente do trabalho.

Em seguimento à proposta de exposição traçada, inicia-se com o estudo das perspectivas ligadas ao agir estatal para concretizar a informação ambiental trabalhista, com um destaque inicial para a conduta do Poder Executivo brasileiro. Para uma melhor abordagem do tema, é interessante expor algumas características do modelo jurídico nacional de regulação do meio ambiente do trabalho.

A análise histórica demonstra que a construção do modelo de regulamentação jurídica do meio ambiente do trabalho no Brasil não primou pela participação popular, em especial dos trabalhadores. Embora tal orientação venha mudando nos últimos anos, o que é digno de encômios e será ressaltado a seguir, julga-se procedente a crítica formulada por Sidnei Machado, para quem:

> É perceptível, nesse processo histórico, que a instituição do modelo de prevenção e reparação de acidentes do trabalho e doenças profissionais não teve a participação dos trabalhadores, desenvolvendo-se na lógica do modelo de acumulação do capital nacional, numa perspectiva de regulação da mão de obra. No último período, a introdução do modelo de prevenção de acidentes a cargo das empresas visou atender aos reclamos de maior produtividade, quando o Brasil se inseria na fase do capital monopolista. Teve importância, ainda, a repercussão negativa do país no exterior devido aos altos índices de acidentes de trabalho. A legislação protetiva da CLT, portanto, representa o legado do Estado corporativista (1930-1945), depois autoritário e burocrático (1964-1985).[181]

Não se retirando os méritos que possuem as disposições legais de tutela do meio ambiente do trabalho, o certo é que padeceram — e algumas ainda padecem — de falta de legitimidade popular em muitas de suas passagens. Prova disso é a predominância de uma visão meramente técnica da matéria, tendo havido o deslocamento de um grande plexo de competências regulatórias do âmbito do processo legislativo tradicional para a atividade normatizadora dos técnicos do Ministério do Trabalho e Emprego (MTE), que expede as chamadas Normas Regulamentadoras (NRs), conforme mencionado na seção 1.3. Embora se reconheça a importância das NRs e sua apurada qualidade, novamente é pertinente a análise de Sidnei Machado:

---

(181) MACHADO, Sidnei. Op. cit., p. 62.

> Porém, a edição de normas jurídicas revela, primeiramente, o caráter meramente técnico dado à matéria, em que legislar é atribuição de competência dos técnicos do Ministério do Trabalho (médicos, engenheiros, técnicos de segurança). [...] A espinha dorsal das NRs pode ser revelada pela política de definição restrita dos fatores de risco no ambiente de trabalho, pelo critério de monetarização do risco, pela ênfase na prevenção de acidentes com o uso de EPI e com a limitação na participação dos trabalhadores no processo de normatização e fiscalização.[182]

A crítica exposta acima merece atenção. No entanto, fazendo-se justiça ao trabalho desenvolvido pelo Ministério do Trabalho e Emprego (MTE) no intuito de alargar o âmbito de discussão sobre a regulação jurídica do ambiente laboral, registre-se a existência da Portaria n. 1.127/03 do MTE[183], que estabelece procedimentos para a elaboração de normas regulamentadoras relacionadas à saúde, segurança e condições gerais de trabalho. A referida portaria dispõe que a metodologia de regulamentação terá como princípio a adoção de sistema tripartite paritário composto pelo governo, trabalhadores e empregadores, organizados por intermédio de Comissão Tripartite Paritária Permanente (CTPP).

A partir desses apontamentos, já se abre caminho para uma primeira consideração sobre o papel do Poder Executivo no que tange à efetivação do direito à informação no meio ambiente do trabalho. Incumbe ao Poder Público um papel de destaque na tutela ambiental, o que demanda também uma maior democratização dos processos de construção desta tutela como, por exemplo, na elaboração das NRs. Democratizar a tutela ambiental significa, dentre outras atitudes, democratizar a informação ambiental. É precisamente este alargamento dos cânones democráticos da informação ambiental trabalhista que se espera do Estado, abrangendo também as ações do Executivo aqui analisadas.

Ainda no que concerne ao Poder Executivo — aqui já com a colaboração dos demais Poderes Republicanos —, é fundamental seu papel na concepção e implementação de políticas públicas voltadas à concretização do direito à informação no meio ambiente do trabalho. Com o objetivo de auxiliar o entendimento do significado da noção de "políticas públicas", são expressivas as palavras do professor João Pedro Schmidt:

---

(182) MACHADO, Sidnei. *Op. cit.*, p. 96-99, *passim*.
(183) Que revogou a antiga Portaria n. 393/96, de teor semelhante.

O conceito *política pública* remete para a esfera do público e seus problemas. Ou seja, diz respeito ao plano das questões coletivas, da *polis*. [...] O termo política pública é utilizado com significados algo distintos, com uma abrangência maior ou menor: ora indica um campo de atividade, ora um propósito político bem concreto, ou um programa de ação ou os resultados obtidos por um programa (FERNÁNDEZ, 2006). [...] Dagnino *et al.* (2002, p. 159) sintetizam as características principais dos diversos conceitos em três elementos: em uma política há sempre uma teia de decisões e ações que alocam (implementam) valores; uma instância que, uma vez constituída, vai conformando o contexto no qual as decisões futuras serão tomadas; e, mais do que uma única decisão, o envolvimento de uma teia de decisões e o desenvolvimento de ações no tempo.[184] (grifado no original)

A lição citada acima demonstra que as políticas públicas são uma temática abrangente, que congrega considerações atinentes a diversos âmbitos da sociedade. Justamente esta amplitude é uma qualidade fundamental para as políticas públicas que visem à tutela do meio ambiente, incluindo a concretização do direito à informação.

Esta verdadeira "abordagem sistêmica" das políticas públicas está em consonância com as bases teóricas desenvolvidas no Capítulo 2, especialmente no que diz respeito ao pensamento sistêmico enquanto método de compreensão contextual dos objetos de estudo. Dessa forma, passam a ser consideradas as mútuas influências entre os diversos elementos ligados às políticas públicas. Com base nos apontamentos de David Easton sobre abordagem sistêmica no âmbito político, Schmidt salienta a importância da teoria dos sistemas no que diz respeito às políticas públicas:

> A explicação proposta por Easton abriu espaço para novas formulações, mais amplas e complexas. O importante é que sua teoria dos sistemas demarcou um pressuposto fundamental para a análise das políticas: o de que "todos os elementos influenciam e são influenciados reciprocamente", o que significa que as políticas públicas só são compreensíveis dentro do conjunto mais geral da vida política. Não existe um único "sistema político"; cada país possui um sistema político peculiar.

---

(184) SCHMIDT, João Pedro. Para entender as políticas públicas: aspectos conceituais e metodológicos. In: REIS, J. R. dos; LEAL, R. G. (orgs.). *Direitos sociais e políticas públicas:* desafios contemporâneos. Santa Cruz do Sul: Edunisc, 2008. t. 8, p. 2311-2312, *passim*.

A abordagem sistêmica revela que qualquer fenômeno está abarcado num conjunto complexo de fatores, e essa complexidade impõe uma contribuição interdisciplinar para dar conta da análise das políticas.[185]

Disso resulta que políticas públicas de tutela do meio ambiente e de efetivação do direito à informação ambiental trabalhista necessitam adotar um paradigma sistêmico para seu sucesso, dentre outros auxílios. Tanto os temas políticos quanto os ambientais inspiram tal postura, na medida em que são interdisciplinares, complexos e organizados de forma não linear, ou, em uma palavra, organizados sob a forma de *sistemas*. Em suas abordagens há que ser feita uma articulação de assuntos econômicos, sociais, culturais, dentre outros, a fim de se buscar uma ampla cobertura da ação política e uma tutela eficaz do meio ambiente.

Além disso, a análise do papel do Estado nos assuntos pertinentes à economia do conhecimento traz não apenas a conveniência, mas a necessidade da atuação do Poder Público para a desobstrução dos fluxos informacionais nas sociedades contemporâneas. Com efeito, em sistemas político-jurídicos marcados pelo avanço dos chamados direitos de propriedade intelectual, o conhecimento — e o seu monopólio — tem se mostrado um grande objeto de desejo para os olhos cobiçosos das grandes corporações econômicas que tanta influência têm nas decisões sobre o futuro do planeta.

Dessa forma, para que os fluxos de conhecimento e informação não sejam obstruídos pela "apropriação" realizada pelas instituições do mercado, é importante um agir estatal cônscio desta nova realidade da sociedade informacional, abençoada pela facilidade de comunicação mas, ao mesmo tempo, ameaçada pelas tentativas de restrição ao potencial criativo humano representadas pelas engrenagens dos sistemas de patentes. O debate é atual no que concerne à informação ambiental, nela incluída a trabalhista, em que o conhecimento sobre o estado e os riscos ao meio ambiente representa elemento-chave nas lutas pelo poder nas sociedades atuais, como já debatido nos capítulos anteriores.

Uma importante análise da economia do conhecimento e do aparente conflito entre uma sociedade baseada nos incríveis potenciais de reprodução da informação, de um lado, e um sistema econômico regido por leis da era

---

(185) *Ibidem*, p. 2325.

industrial baseada na apropriação de bens físicos de produção, por outro, é feita por Ladislau Dowbor:

> De certa maneira, temos aqui uma grande tensão, de uma sociedade que evolui para o conhecimento, mas regendo-se por leis da era industrial. O essencial aqui, é que o conhecimento é indefinidamente reproduzível e, portanto, só se transforma em valor monetário quando apropriado por alguém, e quando quem dele se apropria coloca um pedágio, "direitos", para se ter acesso. Para os que tentam controlar o acesso ao conhecimento, este só tem valor ao se criar artificialmente, por meio de leis e repressão e não por mecanismos econômicos, a escassez. Por simples natureza técnica do processo, a aplicação à era do conhecimento das leis da reprodução da era industrial trava o acesso. Curio-samente, impedir a livre circulação de ideias e de criação artística tornou-se um fator, por parte das corporações, de pedidos de maior intervenção do Estado. Os mesmos interesses que levaram a corporação a globalizar o território para facilitar a circulação de bens, levam-na a fragmentar e a dificultar a circulação do conhecimento.[186]

Especificamente no que tange à proteção do meio ambiente na ordem constitucional brasileira, destacando-se a informação ambiental, o planejamento e a execução de políticas públicas não é mera exortação de intenções. Trata-se de dever do Poder Público, como destaca o art. 225, § 1º, VI, da CF/88, ao dispor que lhe incumbe "promover a educação ambiental em todos os níveis de ensino e a conscientização pública para a preservação do meio ambiente". Outra importante referência legal é encontrada na Lei n. 8.080/90, que trata sobre a atenção básica à saúde no Brasil e a estruturação do Sistema Único de Saúde (SUS). Em seu art. 2º, § 1º, a referida lei estabelece que o dever do Estado de garantir a saúde consiste na formulação e execução de políticas econômicas e sociais que visem à redução de riscos e doenças e de outros agravos, além de outras ações lá mencionadas.[187] Percebe-se que existe uma importante base legal a embasar a atuação do Estado na área das políticas públicas de efetivação do direito à informação e resguardo da saúde dos trabalhadores em seu ambiente laboral.

---

(186) DOWBOR, Ladislau. *Op. cit.*, p. 95-96.
(187) Recorde-se que a saúde do trabalhador e a proteção do meio ambiente do trabalho estão incluídas no campo de atuação do Sistema Único de Saúde, conforme art. 6º, I, *c*, e V, da Lei n. 8.080/90.

Portanto, verifica-se que existem os meios necessários para uma gestão ambiental pública no Brasil. Dentre outros, tais meios consistem em uma estrutura jurídico-legal, uma estrutura administrativa e programas e projetos de políticas ambientais, estes de feitura obrigatória pelo Poder Público, como se viu. A respeito dos requisitos necessários a uma política ambiental pública, são importantes os apontamentos trazidos por Luiz Fernando Krieger Merico em obra sobre os fundamentos da economia ecológica:

> A gestão ambiental pública depende de três elementos fundamentais para a sua existência e eficácia. É necessário um **arcabouço jurídico/legal** em nível federal, estadual ou municipal, para permitir o desenvolvimento de ações que conduzam à sustentabilidade, dado que a própria Constituição define que "ninguém é obrigado a fazer ou deixar de fazer senão em virtude da lei". A aplicação deste arcabouço jurídico/legal depende de uma **estrutura administrativa** capaz de motivar, em todos os sentidos, a sociedade a adotar padrões de produção, consumo e comportamento mais sustentáveis. Finalmente precisa-se de **programas e projetos** que constituam, em seu conjunto, políticas ambientais que interfiram na sociedade e na atividade econômica, criando as condições para sua evolução.
>
> Com estes três elementos fundamentais atendidos podem-se aplicar os instrumentos de política ambiental pública, quais sejam: instrumentos de comando e controle, instrumentos voluntários, gastos governamentais e instrumentos econômicos.[188] (grifado no original)

Sem detrimento das perspectivas abertas em relação ao atuar do Poder Executivo, também há um grande potencial de efetivação do direito à informação ambiental trabalhista por Parte do Pode Legislativo. A par de toda a estrutura legal já existente consagrando tal direito, como indicado na seção 1.3, o legislador tem um importante papel a desempenhar na vinculação entre a tutela ambiental — que inclui as questões informacionais — e os direitos fundamentais. Além disso, ainda é necessária uma reflexão da legislação que leve em conta as contribuições do pensamento sistêmico, da teoria da complexidade e da ideia dos "riscos".

---

(188) MERICO, Luiz Fernando Krieger. *Introdução à economia ecológica*. 2. ed. Blumenau: Edifurb, 2002. p. 115.

Conforme analisado acima, o modelo jurídico de resguardo do meio ambiente do trabalho no Brasil adota uma postura de previsão estrita dos fatores de risco, em grande parte estabelecidos pelas Normas Regulamentadoras; e se vale da prática da monetarização dos perigos à saúde do trabalhador mediante o pagamento de adicionais de insalubridade e periculosidade. Assim, fica claro que tal modelo não guarda consonância com um sistema constitucional que privilegia, antes de tudo, a vida e a dignidade dos indivíduos, bem como a redução dos riscos inerentes ao trabalho, por meio de normas de saúde, higiene e segurança (arts. 1º, III, 5º, *caput*; e 7º, XXII, todos da CF/88). Estes direitos fundamentais têm sido postergados em virtude de exigências técnicas e econômicas dos processos de produção e circulação de bens e serviços, o que não pode acontecer.[189] Tal situação precisa chegar ao conhecimento do trabalhador e também vincular os responsáveis pela proteção do meio ambiente do trabalho (empregadores, tomadores de serviços, etc.), de modo que aqueles não se vejam impelidos a vender sua saúde em virtude de necessidades econômicas.

Ainda nesta linha de entendimento, o Poder Legislativo pode contribuir sobremaneira na efetivação do acesso à informação ambiental trabalhista criando cada vez mais mecanismos jurídicos de democratização das relações de trabalho. Pode, por exemplo, ser regulamentado de forma mais abrangente do que aquela prevista na CLT[190] um procedimento de licenciamento ambiental trabalhista, exigindo a participação das entidades sindicais dos trabalhadores, o que certamente alargaria o debate e contribuiria com o incremento de informações sobre as condições ambientais do local de trabalho.

Além disso, as noções teóricas desenvolvidas no Capítulo 2 podem ajudar na construção de uma legislação ciosa de uma tutela abrangente do

---

(189) O conflito entre a monetarização dos riscos no ambiente laboral e o direito à vida e higidez física dos trabalhadores é bem apresentado e solucionado por Sidnei Machado quando afirma que "Talvez o aspecto mais paradoxal da política de prevenção à segurança e saúde do trabalhador no Brasil seja o direito à monetarização dos riscos do trabalho, mediante o pagamento de adicionais remuneratórios para os trabalhos considerados penosos, perigosos ou insalubres. Os adicionais são admitidos como um direito dos trabalhadores sujeitos às condições adversas no ambiente de trabalho. [...] Por essa fundamentação a solução do conflito das normas constitucionais faz com que o adicional somente seja devido quando se tornar impossível a eliminação dos riscos do trabalho. Esse postulado deve vincular o legislador, o Judiciário e os particulares" (MACHADO, Sidnei. *Op. cit.*, p. 102-105, *passim*).
(190) Veja-se, por exemplo, o art. 160, *caput*, da CLT, que dispõe que "Nenhum estabelecimento poderá iniciar suas atividades sem prévia inspeção e aprovação das respectivas instalações pela autoridade regional competente em matéria de segurança e medicina do trabalho", indicando a existência de um licenciamento ambiental de natureza trabalhista.

meio ambiente do trabalho, reconhecendo suas conexões com o ambiente e a sociedade como um todo, potencializando a informação ambiental trabalhista. Como visto, a Lei n. 9.795/99, que dispõe sobre a educação ambiental no Brasil, já está imbuída deste novo espírito ecológico ao elencar dentre os princípios da educação ambiental o enfoque holístico do meio ambiente e a concepção do mesmo em sua totalidade, dentre outros (art. 4º).

Nesta análise sobre o papel do Poder Público na efetivação do direito à informação no ambiente laboral, não se pode esquecer da valiosa contribuição do Poder Judiciário. Principalmente por intermédio da Justiça do Trabalho, há a possibilidade de medidas efetivas em benefício da informação ambiental trabalhista quando, *v. g.*, houver a apreciação de ações judiciais que visem a compelir empresas a cumprirem a legislação laboral concernente às Comissões Internas de Prevenção de Acidentes (CIPAs), ao Programa de Controle Médico de Saúde Ocupacional (PCMSO), ao Programa de Prevenção de Riscos Ambientais (PPRA), aos Serviços Especializados em Engenharia de Segurança e em Medicina do Trabalho (SESMT), dentre outros. Tais instrumentos funcionam como propulsores de informações no que diz respeito ao meio ambiente do trabalho. Nesta seara, ganham destaque os pedidos de antecipação dos efeitos da tutela, mormente em ações de índole coletiva que podem beneficiar grupos inteiros de trabalhadores e, reflexamente, toda a sociedade.

Também merecem menção as atividades desenvolvidas pelo Ministério Público do Trabalho na proteção do meio ambiente laboral. A instituição vem consolidando seu papel de um dos principais agentes da tutela ambiental trabalhista no Brasil por meio de variados instrumentos de atuação, como o inquérito civil e a ação civil pública. Aqui se abrem perspectivas bastante positivas no sentido de uma intensificação das ações já desenvolvidas pelo *Parquet* na preservação do meio ambiente do trabalho, desta feita com um enfoque mais incisivo na efetivação do direito à informação dos trabalhadores.

Outrossim, tendo em vista que a precarização das relações de trabalho caminha *pari passu* com a degradação do ambiente laboral[191], o Ministério

---

(191) Nesta linha de crítica às formas de precarização das relações de trabalho, como a flexibilização e a desregulamentação, citem-se novamente as palavras de Sidnei Machado: "A flexibilidade, além do retrocesso histórico em termos de políticas públicas, com o flagelo do desemprego e do subemprego, cria as condições para uma maior degradação do ambiente de trabalho e da qualidade de vida dos trabalhadores. A emergência desse processo leva a um esvaziamento ou deslocamento do direito do trabalho clássico e, consequentemente, a garantia da qualidade de vida no trabalho torna-se a cada dia mais remota" (MACHADO, Sidnei. *Op. cit.*, p. 107).

Público do Trabalho pode contribuir fortemente na preservação deste ambiente ao combater terceirizações ilícitas e a intermediação de mão de obra ocorrentes nos diversos setores da economia nacional, o que já tem sido feito pela instituição. Nestas situações anômalas nas relações trabalhistas, em que os trabalhadores não têm sequer a informação de quem é o seu real empregador em virtude de uma série de manobras fraudulentas adotadas, há um total descaso com a efetivação do direito à informação no meio ambiente do trabalho.

Do mesmo modo, por meio de seus instrumentos tradicionais de atuação como o inquérito civil — que possibilita aos interessados a assinatura de termo de compromisso de ajustamento de conduta às exigências legais —, as audiências públicas e a ação civil pública (inclusive sendo utilizada para se alcançar o planejamento e a implementação de políticas públicas voltadas à saúde do trabalhador), bem como de novos e alvissareiros mecanismos como o licenciamento ambiental[192] e o estudo prévio de impacto ambiental trabalhistas; o Ministério Público do Trabalho apresenta grandes possibilidades de contribuição para a efetivação do direito à informação na esfera do meio ambiente laboral.

Já no que concerne à participação social na concretização do acesso à informação ambiental trabalhista, ganha destaque a atuação das entidades sindicais, principalmente de trabalhadores. Mesmo considerando as dificuldades enfrentadas pelos sindicatos em tempos de uma economia globalizada e subjugada pelo tacão do capital especulativo, em que os avanços tecnológicos são direcionados quase exclusivamente à maximização da produção[193], as agremiações operárias podem contribuir para relevantes realizações na tutela do meio ambiente laboral.

Dentre os meios de atuação dos sindicatos na luta por melhores condições de trabalho, ganha relevo a negociação coletiva. Esta, se bem-

---

(192) Em que pese não ser "nova" a exigência do licenciamento para o início das atividades de estabelecimento empresarial, conforme demonstra o art. 160 da CLT acima mencionado, o certo é que a referida licença tem sido encarada sob um novo enfoque na atualidade, o enfoque do direito ambiental. A respeito deste licenciamento, são oportunas as palavras de Fábio Fernandes ao afirmar que "Conforme analisado alhures, a CLT dispõe de um aparato jurídico digno de nota em se tratando de licenciamento ambiental, na medida em que disciplina uma série de providências a serem cumpridas pelo empregador e fiscalizadas pelo Órgão Ambiental Trabalhista, no caso o Ministério do Trabalho e Emprego" (FERNANDES, Fábio. *Op. cit.*, p. 237-238).

(193) Sobre a questão dos avanços tecnológicos direcionados apenas aos objetivos de incremento da produção, buscando unicamente competitividade empresarial, *vide* o excelente artigo de Pedro Proscurcin (PROSCURCIN, Pedro. A ilusão da atual autonomia coletiva privada. In: *Revista LTr*, São Paulo: LTr, v. 69, n. 9, set. 2005. p 1088-1097.). Para o autor, os avanços tecnológicos devem ser direcionados à inclusão social da população economicamente ativa, sob pena de total enfraquecimento das reivindicações operárias, mesmo por intermédio de suas entidades de classe. O título do mencionado artigo, aliás, é sugestivo.

-sucedida, resulta na formulação de acordos coletivos de trabalho (em nível de empresa) ou convenções coletivas de trabalho (abrangendo toda a categoria). A negociação coletiva é tida como fonte formal do direito do trabalho no Brasil, tendo seus desdobramentos jurídicos reconhecidos em âmbito constitucional (art. 7º, XXVI, da CF/88).

Trata-se de importante meio de regulação autônoma das relações de trabalho, desde que respeitado um patamar mínimo de direitos estabelecido pelo ordenamento jurídico. Dessa forma, nada impede que as entidades sindicais aprimorem a tutela do meio ambiente do trabalho via negociação coletiva, inclusive auxiliando a difusão de informações ambientais. Tais medidas vão ao encontro da concepção do instituto da negociação coletiva como meio efetivador dos direitos fundamentais nas relações de trabalho, contribuindo também para estimular a participação democrática cidadã na composição dos conflitos entre o capital e o trabalho. Ressaltando as qualidades da negociação coletiva tal como aqui descritas, transcreve-se a lição de Enoque Ribeiro dos Santos:

> Ademais, a negociação coletiva é, inclusive, um dos meios mais eficazes para diminuir as desigualdades sociais e fortalecer a autoestima e capacidade dos cidadãos, posto que facilita sua participação, através do sindicato, no processo de tomada e implementação de decisões que afetam o seu próprio desenvolvimento. Os sindicatos e a negociação coletiva de trabalho prestam-se a essa evolução humana uma vez que buscam a consecução de seus anseios individuais e coletivos.[194]

Além da regulação autônoma das condições laborais via negociação coletiva, os sindicatos ainda dispõem de outros instrumentos de ação para o resguardo do meio ambiente do trabalho. Cite-se, por exemplo, a chamada greve ambiental. Dado que é assegurado o direito de greve aos trabalhadores, competindo aos mesmos decidir sobre a oportunidade de exercê-lo e os direitos a serem defendidos (art. 9º, *caput*, da CF/88), não há nenhum óbice legal quanto à sua utilização com o objetivo de defesa do ambiente laboral e até mesmo para o acesso a informações sobre métodos e procedimentos de trabalho que possam vir a prejudicar a saúde dos trabalhadores. A respeito da greve ambiental, a doutrina especializada traz importantes considerações, como aquelas expostas por Raimundo Simão de Melo:

---

(194) SANTOS, Enoque Ribeiro dos. *Direitos humanos na negociação coletiva:* teoria e prática jurisprudencial. São Paulo: LTr, 2004. p. 151.

À falta de conceito legal ou doutrinário, ouso conceituar a greve ambiental como sendo "a paralisação coletiva ou individual, temporária, parcial ou total da prestação de trabalho a um tomador de serviços, qualquer que seja a relação de trabalho, com a finalidade de preservar e defender o meio ambiente do trabalho de quaisquer agressões que possam prejudicar a segurança, a saúde e a integridade física e psíquica dos trabalhadores".

A finalidade da greve ambiental é implementar adequadas e seguras condições de trabalho e, com isso, evitar acidentes e doenças profissionais e do trabalho. Enquanto com a greve comum os trabalhadores visam a proteger e criar direitos em geral, na greve ambiental o objeto específico de tutela é a saúde e vida dos trabalhadores, como direitos fundamentais assegurados constitucionalmente.[195]

Estas são algumas das possibilidades de atuação dos sindicatos na defesa do meio ambiente do trabalho e que podem, direta ou indiretamente, concorrer para a efetivação do direito à informação ambiental trabalhista. Por óbvio que os exemplos aqui citados (negociação coletiva e greve ambiental) não excluem outros de igual significado.[196] O importante é que haja um fortalecimento do papel dos sindicatos na tutela do ambiente laboral, e não o estímulo da precarização das relações de trabalho por uma negociação coletiva protagonizada por sindicatos enfraquecidos em face do contexto econômico-político do mercado de trabalho.

Mesmo se tendo conhecimento das dificuldades enfrentadas pelas entidades sindicais na atualidade (desemprego estrutural, movimentos de índole flexibilizadora e desregulamentadora do direito do trabalho, etc.), o potencial de atuação destas agremiações é amplo; devendo as mesmas, primordialmente, buscar sua legitimação perante as categorias que representam por meio de um diálogo aberto e democrático, em que a defesa de um ambiente de trabalho ecologicamente equilibrado passe a ser uma das pautas principais de reivindicação.

Por fim, a atuação da sociedade na defesa do meio ambiente do trabalho e da efetivação do direito à informação ambiental trabalhista não se dá

---

(195) MELO, Raimundo Simão de. *Op. cit.*, p. 90.
(196) Basta recordar que, com amparo no art. 8º, III, da CF/88, e no art. 5º, V, da Lei n. 7.347/85, os sindicatos têm legitimidade ativa para ajuizar ações civis públicas também em defesa do meio ambiente do trabalho.

somente por meio da atividade sindical. O direito brasileiro possui, como visto, outros mecanismos de atuação dos trabalhadores neste sentido, como é o caso das Comissões Internas de Prevenção de Acidentes (CIPAs), integradas também por representantes eleitos pelos empregados da empresa. Além disso, assiste a todos o direito de petição aos Poderes Públicos em defesa de direitos ou contra ilegalidade ou abuso de poder (art. 5º, XXXIV, *a*, da CF/88), consubstanciando-se em importante canal de comunicação de informações entre a sociedade civil e as autoridades governamentais envolvidas com a proteção do ambiente laboral que, por meio de denúncias e comunicados, podem tomar atitudes efetivas em benefício da saúde dos trabalhadores. Da mesma forma, a própria classe empresarial pode, vencendo barreiras históricas, elastecer o debate ambiental por meio de uma maior conscientização dos trabalhadores sobre os riscos a que estão expostos; o que, aliás, consiste em obrigação legal dos empregadores (art. 157, II, da CLT).

Nesta verdadeira distribuição de atribuições, também as universidades e os demais centros públicos e privados de pesquisa podem funcionar como grandes polos receptores e difusores de informações ambientais trabalhistas, com o desenvolvimento de estudos sobre os temas afetos ao meio ambiente do trabalho. Sendo assim, as discussões ambientais poderão contar com subsídios sérios, embasados tecnicamente e aptos a proporcionarem tomadas de decisão mais consentâneas com um mundo marcado por riscos cada vez mais complexos e abrangentes.

De acordo com o que foi dito, percebe-se que são promissoras as perspectivas para a efetivação do direito à informação ambiental trabalhista, o que acarreta, consequentemente, um aprimoramento da tutela do meio ambiente do trabalho e do ambiente como um todo. Seja do ponto de vista do agir dos Poderes Públicos (Executivo, Legislativo, Judiciário, Ministério Público do Trabalho), seja da ótica da sociedade (sindicatos, CIPAs, empregadores, centros de pesquisa, etc.), a informação no ambiente de trabalho tem a seu dispor inúmeros canais de difusão. Compete a todos, em um esforço conjunto, como aquele estabelecido pelo art. 225, *caput*, da CF/88, tornar efetivo este direito.

Conclusão

Conforme os apontamentos feitos, percebe-se que o relevo da informação enquanto relacionada ao conhecimento não é fato novo nas sociedades. Ela tem ocupado lugar de destaque na experiência humana, desde a organização do Estado até a formação e consolidação das hierarquias de poder social. Com o advento de novas tecnologias da inteligência como, por exemplo, a tipografia e a *internet*, as práticas informacionais puderam assumir ainda maior relevância, ampliando seu potencial de influência.

Contando também com o apoio do Estado, a prospecção e a difusão de informações passou a dar contornos substanciais à organização social humana, estruturando a denominada sociedade informacional. Nesta, a geração, o processamento e a transmissão da informação tornam-se fontes fundamentais de poder e produtividade, o que é possibilitado pelas novas condições tecnológicas, dentre outros fatores.

As implicações político-jurídicas da informação podem relacioná-la de maneira substancial ao Estado democrático de direito. As questões informacionais tornam-se centrais no aprimoramento da participação cidadã nas democracias contemporâneas, o que acaba por atrair a necessidade de sua regulação jurídica. Da imbricação entre os elementos informação, democracia e direito surge o Estado da informação democrática de direito.

Também fica evidente a íntima ligação entre a informação e a tutela do meio ambiente. Diante da necessidade de preservação ecológica em virtude da degradação ambiental que afeta a própria existência humana, o Direito trata de proporcionar mecanismos de tutela ao ambiente, consagrando de forma expressa o direito à informação ambiental. O ordenamento jurídico vigente no Brasil toma o mesmo caminho, inclusive no que tange à informação no meio ambiente do trabalho. Resta, pois, a necessidade de efetivação das normas jurídicas existentes.

Nesta busca pela efetivação do direito à informação, é possível contar com as contribuições teóricas proporcionadas pelo pensamento sistêmico, pela teoria da complexidade e pela noção dos "riscos". Quanto ao paradigma sistêmico, o mesmo se contrapõe ao pensamento mecanicista de inspiração cartesiana, que se debate em busca de uma verdade absoluta e prima pela análise isolada dos objetos estudados. A teoria dos sistemas, por outro lado, proporciona uma visão contextual dos assuntos abordados, permitindo considerar as interconexões dos variados elementos existentes no mundo. Com a valorização da perspectiva sistêmica, a informação — nela integrada a informação ambiental — pode ser pensada de forma mais abrangente e contextualizada, possibilitando uma melhor tutela do meio ambiente a partir da constatação da ligação existente entre os diversos ecossistemas, como ocorre com o ambiente laboral e seu exterior.

A teoria da complexidade constitui outra importante ferramenta na busca por um alargamento do horizonte informacional estabelecido. Utilizando--se das bases lançadas pelo pensamento sistêmico, a teoria da complexidade acaba por superar a concepção linear, coisificante e fragmentada de mundo ainda subsistente; dando lugar a uma percepção do universo como sendo formado por elementos ao mesmo tempo concorrentes, antagônicos e complementares. Com a recolocação do sujeito no procedimento episte-mológico, a complexidade permite uma avaliação crítica do conhecimento, desvelando os mecanismos de poder no saber. A informação ambiental, auxiliada pela construção de uma complexidade também ambiental, assume uma postura de humildade científica e aceitação das diferenças culturais, proporcionando a busca por sua constante complementação.

A temática dos riscos põe a descoberto as ameaças que assolam o meio ambiente, inclusive o do trabalho. Sendo os riscos uma constância na existência humana, os mesmos passam a ser objeto também da atenção científica. Ganha terreno a ideia de uma "sociedade de risco", assombrada pelo fantasma de uma catástrofe ambiental. Graças à complexidade e interligação dos riscos contemporâneos, em especial daqueles tecnologi-camente induzidos, é possível dizer que os mesmos operam em um campo de atuação fora da capacidade de percepção humana normal, ocasionando uma verdadeira "expropriação dos sentidos". A constatação da universalidade dos riscos — seu "sentido democrático" — serve como justificativa para o elasticimento dos debates democráticos sobre a postura social frente a eles, o que permite um aprimoramento dos processos informacionais respectivos.

Especificamente no que diz respeito à efetivação do direito à informação no meio ambiente do trabalho, analisou-se o sentido dado à noção de am-biente laboral no constitucionalismo contemporâneo brasileiro. O meio ambiente ecologicamente equilibrado, que engloba o ambiente de trabalho, representa um direito-dever fundamental dos indivíduos, sendo incumbidos de sua tutela tanto o Poder Público quanto a coletividade. Da mesma forma, o legislador constitucional pátrio reconheceu a higidez ecológica como imprescindível à sadia qualidade de vida, em uma visão que congrega os diversos aspectos do meio ambiente (natural, cultural, urbano e do trabalho).

A compreensão do meio ambiente do trabalho permite abordar de forma mais eficiente as questões informacionais que a ele digam respeito, sendo possível falar da existência de uma informação ambiental trabalhista. Dentre as características desta faceta do fenômeno informacional, destacam-se sua importância para a tutela do ambiente laboral, seu papel instrumental para o incremento da participação cidadã na defesa deste ambiente, e sua contribuição para desvelar o potencial causador de riscos do local em que o ser humano desempenha suas atividades.

Na procura por possíveis respostas aos questionamentos suscitados pela necessidade de se efetivar a informação ambiental trabalhista, pode-se contar com o auxílio do pensamento sistêmico aplicado (a empresa como um sistema vivo), da teoria da complexidade (formação de uma linguagem sobre o trabalho realmente abrangente e dialogicamente estruturada), da percepção de que o meio ambiente do trabalho está inserido em um contexto globalizado, proporcionando a assimilação de outras considerações afora as meramente econômicas, etc. No intento de concretizar a informação no ambiente laboral, é importante o diálogo com uma nova racionalidade ambiental, calcada nos potenciais produtivos e emancipatórios da natureza, bem como nas possibilidades de ressignificação simbólica da mesma pelo respeito à diversidade cultural e aos saberes ambientais excluídos, valorizando-se também os conhecimentos dos trabalhadores.

Como perspectivas para a concretização do acesso à informação no meio ambiente do trabalho é possível — mediante a consideração do duplo aspecto do ambiente ecologicamente equilibrado (direito-dever fundamental) — analisar o potencial de ação do Estado e da sociedade. O Poder Público pode ser um grande agente na busca por uma informação ambiental trabalhista efetiva, cabendo papel de destaque à atuação dos Poderes Republicanos. Estes têm ao seu alcance a possibilidade de democratização da regulação jurídica do ambiente laboral, a implementação de políticas públicas voltadas à informação sobre o meio ambiente, a consideração das teorias sistêmica, da complexidade e dos riscos na elaboração da legislação respectiva, e uma análise diferenciada das ações judiciais correlatas sob os influxos do direito ambiental, dentre outras atitudes possíveis. Há também um prognóstico muito positivo no que tange à atuação do Ministério Público do Trabalho na defesa do ambiente laboral e da informação ambiental trabalhista.

No que diz respeito à atuação da sociedade, a mesma também possui o dever de contribuir para a tutela do meio ambiente, o que abarca os esforços pela efetivação do direito à informação. Nesta seara, os sindicatos de trabalhadores têm um importante papel a desempenhar na busca por melhores condições de trabalho. Também os próprios cidadãos dispõem de mecanismos participativos previstos no ordenamento jurídico. Da mesma forma, os empregadores e demais tomadores de serviços precisam construir uma verdadeira consciência ecológica, o que certamente contribuirá para práticas informacionais mais efetivas, embasadas em dados técnicos sérios e sem descurar as considerações de índole política necessárias a um adequado enfrentamento do assunto.

De acordo com o que foi exposto, tem-se que a efetivação do direito à informação no meio ambiente do trabalho é auxiliada sobremaneira pela construção de uma visão sistêmica de mundo, desvelando-se as conexões existentes entre o ambiente laboral e o contexto no qual está inserido. Dessa forma, estar-se-á melhor instrumentalizado para lidar com a crescente complexidade que marca o mundo globalizado, bem como com os riscos que acompanham *pari passu* os avanços tecnológicos.

Teoria sistêmica, complexidade e riscos certamente não são as respostas para todas as questões relativas à efetivação do direito à informação no meio ambiente do trabalho. No entanto, permitem que o enfrentamento destas questões seja feito de forma mais abrangente e eficaz, libertando o conhecimento das amarras representadas por visões unilaterais de mundo, sempre subservientes a interesses também unilaterais.

Referências

ANDRADE, Carlos Drummond de. Nosso tempo (poema). In: ANDRADE, Carlos Drummond de. *Antologia poética*. 58. ed. Rio de Janeiro: Record, 2006.

ARAUJO, L. E. B. de; TYBUSCH, J. S. Pensamento sistêmico-complexo na transnacionalização ecológica. In: ARAUJO, L. E. B. de; VIEIRA, J. T. (orgs.). *Ecodireito:* o direito ambiental numa perspectiva sistêmico-complexa. Santa Cruz do Sul: EDUNISC, 2007.

ARENDT, Hannah. *Origens do totalitarismo*. Trad. Roberto Raposo. São Paulo: Companhia das Letras, 1989.

ARISTÓTELES. *A política*. 2. ed. Trad. Roberto Leal Fereira. São Paulo: Martins Fontes, 1998.

BAUMAN, Zygmunt. *Globalização:* as consequências humanas. Trad. Marcus Penchel. Rio de Janeiro: Jorge Zahar, 1999.

BECK, Ulrich. *World risk society*. Cambridge: Polity, 1999.

BERTALANFFY, Ludwig von. *General system theory*. New York: George Braziller, 1968.

CALLENBACH, Ernest et al. *Gerenciamento ecológico:* ecomanagement. 2. ed. Guia do Instituto Elmwood de auditoria ecológica e negócios sustentáveis. Trad. Carmen Youssef. São Paulo: Cultrix, 1998.

CANOTILHO, José Joaquim Gomes. *Estado de direito*. Lisboa: Gradiva, 1999.

_____ . Estado constitucional ecológico e democracia sustentada. In: FERREIRA, H. S.; LEITE, J. R. M. (orgs.). *Estado de direito ambiental:* tendências. Rio de Janeiro: Forense Universitária, 2004.

CAPRA, Fritjof. *A teia da vida:* uma nova compreensão científica dos sistemas vivos. Trad. Newton Roberval Eichemberg. São Paulo: Cultrix, 2006.

CASTELLS, Manuel. *A era da informação:* economia, sociedade e cultura. v. 1: A sociedade em rede. Trad. Roneide Venâncio Majer. 11. ed. São Paulo: Paz e Terra, 1999.

_____ . *A era da informação:* economia, sociedade e cultura. v. 2: O poder da identidade. Trad. Klauss Brandini Gerhardt. 2. ed. São Paulo: Paz e Terra, 1999.

CATHARINO, José Martins. *Neoliberalismo e sequela:* privatização, desregulação, flexibilização, terceirização. São Paulo: LTr, 1997.

CHAUI, Marilena. *Convite à filosofia*. 12. ed. São Paulo: Ática, 2001.

COMPARATO, Fábio Konder. *A afirmação histórica dos direitos humanos*. 4. ed. São Paulo: Saraiva, 2005.

CORRÊA, Darcísio. *A construção da cidadania:* reflexões histórico-políticas. Ijuí: UNIJUÍ, 2000.

DESCARTES, René. *Discurso do método*. 3. ed. Trad. Maria Ermantina de Almeida Prado Galvão. São Paulo: Martins Fontes, 2007.

DOWBOR, Ladislau. *Democracia econômica:* alternativas de gestão social. Petrópolis: Vozes, 2008.

FERNANDES, Fábio. *Meio ambiente geral e meio ambiente do trabalho:* uma visão sistêmica. São Paulo: LTr, 2009.

FIORILLO, Celso Antonio Pacheco. *Curso de direito ambiental brasileiro*. 9. ed. São Paulo: Saraiva, 2008.

FOUCAULT, Michel. *Vigiar e punir:* nascimento da prisão. 32. ed. Trad. Raquel Ramalhete. Petrópolis: Vozes, 1987.

GARDNER, Howard. *Inteligências múltiplas:* a teoria na prática. Trad. Maria Adriana Veríssimo Veronese. Porto Alegre: Artes Médicas, 1995.

GIDDENS, Anthony. *Mundo em descontrole*. 6. ed. Trad. Maria Luiza X. de A. Borges. Rio de Janeiro: Record, 2007.

GONZAGA, Tomás Antônio. *Marília de Dirceu e cartas chilenas*. 2. ed. São Paulo: Ática, 1998.

GRAU, Eros Roberto. *A ordem econômica na Constituição de 1988:* interpretação e crítica. 8. ed. São Paulo: Malheiros, 2003.

HABERMAS, Jürgen. *Teoría de la acción comunicativa, I:* racionalidad de la acción y racionalización social. Trad. Manuel Jiménez Redondo. Madrid: Taurus, 2003.

_____. *Teoría de la acción comunicativa, II:* crítica de la razón funcionalista. Trad. Manuel Jiménez Redondo. Madrid: Taurus, 2003.

_____. *Mudança estrutural da esfera pública:* investigações quanto a uma categoria da sociedade burguesa. Trad. Flávio R. Kothe. Rio de Janeiro: Tempo Brasileiro, 2003.

HERMITTE, Marie-Angèle. A fundação jurídica de uma sociedade das ciências e das técnicas através das crises e dos riscos. In: VARELLA, Marcelo Dias (org.). *Direito, sociedade e riscos:* a sociedade contemporânea vista a partir da ideia de risco. Brasília: UniCEUB, UNITAR, 2006.

IANNI, Octavio. Globalização e diversidade. In: FERREIRA, L. da C.; VIOLA, E. (orgs.). *Incertezas de sustentabilidade na globalização*. Campinas: UNICAMP, 1996.

KUHN, Thomas S. *A estrutura das revoluções científicas*. Trad. Beatriz Vianna Boeira e Nelson Boeira. São Paulo: Perspectiva, 2007.

LEFF, Enrique. *Racionalidade ambiental:* a reapropriação social da natureza. Trad. Luís Carlos Cabral. Rio de Janeiro: Civilização Brasileira, 2006.

LEITE, José Rubens Morato. Sociedade de risco e Estado. In: CANOTILHO, J. J. G.; LEITE, J. R. M. (orgs.). *Direito constitucional ambiental brasileiro.* São Paulo: Saraiva, 2007.

LÉVY, Pierre. *As tecnologias da inteligência:* o futuro do pensamento na era da informática. Trad. Carlos Irineu da Costa. Rio de Janeiro: Editora 34, 1993.

LUHMANN, Niklas. *Social systems.* Translated by John Bednarz, Jr. with Dirk Baecker. Stanford: Stanford University, 1995.

MACHADO, Paulo Affonso Leme. *Direito à informação e meio ambiente.* São Paulo: Malheiros, 2006.

_____. *Direito ambiental brasileiro.* 8. ed. São Paulo: Malheiros, 2000.

MACHADO, Sidnei. *O direito à proteção ao meio ambiente de trabalho no Brasil:* os desafios para a construção de uma racionalidade normativa. São Paulo: LTr, 2001.

MATTELART, Armand. *História da sociedade da informação.* 2. ed. Trad. Nicolás Nyimi Campanário. São Paulo: Loyola, 2006.

MATURANA, H.; VARELA, F. *El árbol del conocimiento.* Santiago de Chile: Universitaria, 1996.

MCCORMICK, John. *Rumo ao Paraíso:* a história do movimento ambientalista. Trad. Marco Antonio Esteves da Rocha e Renato Aguiar. Rio de Janeiro: Relume--Dumará, 1992.

MCLUHAN, Marshall. *A galáxia de Gutenberg:* a formação do homem tipográfico. Trad. Leônidas Gontijo de Carvalho e Anísio Teixeira. São Paulo: Nacional, 1977.

MEDEIROS, Fernanda Luiza Fontoura de. *Meio ambiente:* direito e dever fundamental. Porto Alegre: Livraria do Advogado, 2004.

MELO, Raimundo Simão de. *Direito ambiental do trabalho e a saúde do trabalhador:* responsabilidades legais, dano material, dano moral, dano estético, indenização pela perda de uma chance, prescrição. 3. ed. São Paulo: LTr, 2008.

MERICO, Luiz Fernando Krieger. *Introdução à economia ecológica.* 2. ed. Blumenau: Edifurb, 2002.

MORIN, Edgar. *O método 1:* a natureza da natureza. trad. Ilana Heineberg. 2. ed. Porto Alegre: Sulina, 2005.

NOUROUDINE, Abdallah. A linguagem: dispositivo revelador da complexidade do trabalho. In: SILVA, M. C. P. Souza e; FAITA, D. (orgs.). *Linguagem e trabalho:* construção de objetos de análise no Brasil e na França. Trad. Inês Polegatto, Décio Rocha. São Paulo: Cortez, 2002.

OLIVEIRA, Sebastião Geraldo de. *Proteção jurídica à saúde do trabalhador.* 2. ed. São Paulo: LTr, 1998.

OST, François. *A natureza à margem da lei:* a ecologia à prova do direito. Trad. Joana Chaves. Lisboa: Piaget. 1997.

PADILHA, Norma Sueli. *Do meio ambiente do trabalho equilibrado.* São Paulo: LTr, 2002.

PROSCURCIN, Pedro. A ilusão da atual autonomia coletiva privada. In: *Revista LTr,* São Paulo: LTr, v. 69, n. 9, set. 2005.

ROCCELLA, M.; TREU, T. *Diritto del lavoro della comunità europea.* 2. ed. Padova: Cedam, 1995.

ROCHA, Julio César Sá da. *Direito ambiental do trabalho:* mudança de paradigma na tutela jurídica à saúde do trabalhador. São Paulo: LTr, 2002.

ROSSIT, Liliana Allodi. *O meio ambiente de trabalho no direito ambiental brasileiro.* São Paulo: LTr, 2001.

SANTOS, B. de S.; AVRITZER, L. Introdução: para ampliar o cânone democrático. In: SANTOS, Boaventura de Sousa (org.). *Democratizar a democracia:* os caminhos da democracia participativa. 3. ed. Rio de Janeiro: Civilização Brasileira, 2005.

SANTOS, Enoque Ribeiro dos. *Direitos humanos na negociação coletiva:* teoria e prática jurisprudencial. São Paulo: LTr, 2004.

SARAMAGO, José. *Ensaio sobre a cegueira:* romance. São Paulo: Companhia das Letras, 1995.

SARLET, Ingo Wolfgang. *A eficácia dos direitos fundamentais.* 9. ed. Porto Alegre: Livraria do Advogado, 2008.

_____. Direitos fundamentais e direito privado: algumas considerações em torno da vinculação dos particulares aos direitos fundamentais. In: SARLET, Ingo Wolfgang (org.). *A constituição concretizada*: construindo pontes com o público e o privado. Porto Alegre: Livraria do Advogado, 2000.

SARMENTO, Daniel. *Direitos fundamentais e relações privadas.* 2. ed. Rio de Janeiro: Lumen Juris, 2006.

SCHMIDT, João Pedro. Para entender as políticas públicas: aspectos conceituais e metodológicos. In: REIS, J. R. dos; LEAL, R. G. (orgs.). *Direitos sociais e políticas públicas:* desafios contemporâneos. Santa Cruz do Sul: Edunisc, 2008. t. 8.

SHIVA, Vandana. *Monoculturas da mente:* perspectivas da biodiversidade e da biotecnologia. Trad. Dinah de Abreu Azevedo. São Paulo: Gaia, 2003.

SIEYÈS, Emmanuel Joseph. *A constituinte burguesa.* 4. ed. Trad. Norma Azevedo. Rio de Janeiro: Lumen Juris, 2001.

SILVA, José Afonso da. *Curso de direito constitucional positivo.* 26. ed. São Paulo: Malheiros, 2006.

_____. *Direito ambiental constitucional.* 2. ed. São Paulo: Malheiros, 1997.

SIRKIS, Alfredo. Enquanto isso, na terra do pau-brasil... (Apêndice). In: MCCORMICK, John. *Rumo ao paraíso:* a história do movimento ambientalista.

Trad. Marco Antonio Esteves da Rocha e Renato Aguiar. Rio de Janeiro: Relume--Dumará, 1992.

VIEIRA, João Telmo. Pensar a velocidade da informação e da gestão tecnológica das cidades contemporâneas: desafios para o desenvolvimento sustentável e a sadia qualidade de vida. In: ARAUJO, L. E. B. de; VIEIRA, J. T. (orgs.). *Ecodireito:* o direito ambiental numa perspectiva sistêmico-complexa. Santa Cruz do Sul: EDUNISC, 2007.

ZEMAN, Jirí. Significado filosófico da noção de informação. In: WIENER, N. *et. al. O conceito de informação na ciência contemporânea.* Rio de Janeiro: Paz e Terra, 1970.